T0169789

Stéphane Chauvier est professeur de philosophie morale et politique à l'Université Paris-Sorbonne.

# ÉTHIQUE SANS VISAGE
## *Le problème des effets externes*

## DANS LA MÊME COLLECTION

BARBARAS R., *La perception. Essai sur le sensible*, 120 pages, 2009.
BENOIST J., *Éléments de philosophie réaliste*, 180 pages, 2011.
BINOCHE B., *Religion privée. Opinion publique*, 180 pages, 2012.
GODDARD J.-Ch., *Violence et subjectivité. Derrida, Deleuze, Maldiney*, 180 pages, 2008.
LAUGIER S., *Wittgenstein. Les sens de l'usage*, 360 pages, 2009.
RAMOND C., *Descartes. Promesses et paradoxes*, 160 pages, 2011.

MOMENTS PHILOSOPHIQUES

Stéphane CHAUVIER

# ÉTHIQUE SANS VISAGE
## *Le problème des effets externes*

PARIS
LIBRAIRIE PHILOSOPHIQUE J. VRIN
6, place de la Sorbonne, Vᵉ
2013

© *Librairie Philosophique J. VRIN*, 2013
*Imprimé en France*

ISSN 1968-1178
ISBN 978-2-7116-2521-5

*www.vrin.fr*

# INTRODUCTION

Il arrive que des hommes fassent du mal à d'autres hommes. Mais il arrive aussi que des hommes fassent certaines choses qui se révèlent faire du mal à d'autres hommes. Un homme peut crier dans les oreilles d'un autre. Mais il peut aussi crier, de telle sorte que les oreilles d'un autre en soient blessées. Or en dépit de la différence évidente qu'il y a entre faire quelque chose à quelqu'un et faire quelque chose qui se trouve avoir des *effets collatéraux ou externes* sur quelqu'un, nous avons très souvent tendance à assimiler le second cas au premier chaque fois que nous voulons mettre en lumière que le *dommage collatéral* qui est occasionné dans ce second type de cas est un *préjudice* ou une *injustice* pour celui qui le subit. Ainsi y a-t-il une claire différence entre le cas où une personne se saisit d'une ressource disponible à la barbe d'une autre, la frustrant de manière délibérée ou intentionnelle de cette ressource, et le cas où cette même personne, se saisissant de cette ressource dans la solitude de son île déserte, se trouve *de facto* en priver les personnes qui passeront sur cette île après elle. Mais pour pouvoir condamner, d'un point de vue éthique, ce qui se produit dans le second cas, tout se passe comme si nous avions besoin de l'assimiler au premier en imaginant une manière de face-à-face entre le consommateur sur son île et les générations qui viendront prendre sa place, comme si notre solitaire sur son île s'emparait de la ressource à la barbe des générations futures.

Cette assimilation, au moins théorique, du *dommage collatéral* au *dommage focal* s'explique aisément. Car s'il y a une différence entre faire quelque chose à quelqu'un et faire quelque chose qui se trouve avoir des effets collatéraux ou externes sur quelqu'un, il y a également une différence entre faire quelque chose *dont on sait* qu'il aura ou pourra avoir des effets dommageables sur quelqu'un et faire quelque chose qui se trouvera avoir, *à notre insu*, des effets dommageables sur quelqu'un. Dans ce dernier cas, le dommage est incontestablement involontaire. Et pour cette raison, il paraît difficile, si ce dommage a consisté à détériorer ou détruire quelque chose à quoi la victime avait droit, de considérer la conduite de l'auteur du dommage comme un acte d'injustice[1]. En revanche, lorsque l'auteur de l'acte fait quelque chose dont il sait que cela pourra priver quelqu'un de ce qu'il possède légitimement, il paraît plus difficile de considérer sa conduite comme moralement innocente. Le savoir, à défaut de l'intention focale, suffit à rendre l'action « éthiquable ».

Reste que la nécessité de distinguer un *dommage collatéral prévisible* d'un *dommage collatéral inopiné* ne saurait suffire, en principe, à justifier l'assimilation du dommage collatéral prévisible au *dommage focal délibéré*. Car s'il est impossible, d'un point de vue éthique, de considérer qu'une personne

---

1. Pour se faciliter les choses, les juristes ont inventé la notion d'une responsabilité du fait des choses. Si c'est ma maison bien entretenue qui tombe à mon insu sur la tête d'un passant, je suis civilement responsable des dommages occasionnés par ma chose. Aucune personne de bon sens ne peut toutefois considérer cette notion de responsabilité du fait des choses autrement que comme une extension *fictionnelle* de la responsabilité *réelle* des propriétaires privés ou des *domini* publics.

puisse avoir le droit de nuire délibérément ou intentionnellement à une autre personne [1], il peut en revanche arriver qu'un
dommage collatéral prévisible soit engendré par une action
dont on peut difficilement contester que son auteur ait eu le
droit de l'accomplir. Il est par exemple difficile de contester
que, dans une économie de marché, un entrepreneur ait le droit
de mettre sur le marché un nouveau produit, dès lors du moins
que la vente de ce produit est licite. Mais l'entrepreneur peut
également savoir qu'en le faisant il pourra causer la ruine de
ses concurrents et, avec elle, la mise au chômage de leurs
employés, laquelle pourra envelopper la misère durable de
certains. Si cet effet se produit, en conclura-t-on que l'entrepreneur a agi de manière injuste et lui interdira-t-on d'agir à
l'avenir ainsi? Il est vraisemblable que non. On ne traitera
pas l'action de l'entrepreneur comme on traiterait celle de
quelqu'un qui agirait *pour* rendre misérable autrui. Toutefois,
on ne considérera pas non plus l'action de l'entrepreneur
comme moralement innocente. On considèrera donc que
l'action de l'entrepreneur pose un problème moral et on jugera
peut-être qu'elle appelle une forme ou une autre de réparation
ou de compensation, mais on ne traitera pas son action, en
raison de l'effet externe qu'elle a produit, comme on traiterait
une action qui aurait produit le même résultat de manière
focale ou intentionnelle. On refusera donc, dans un cas de ce
genre, d'assimiler un dommage collatéral prévisible à un
dommage focal délibéré.

L'explication de ce point tient, semble-t-il, au fait que les
conduites générant des dommages collatéraux prévisibles ont
une complexité logique que ne possèdent pas les conduites

1. En mettant à part le cas spécial du droit pénal.

générant des dommages focaux intentionnels. Lorsqu'une action est focalisée sur un dommage, lorsque, dans une manière de face-à-face avec autrui, je me résous à lui nuire ou à détériorer sa situation, mon action devient *ipso facto* condamnable et perd toute légitimité. Le dommage que je produis délibérément suffit à rendre ma conduite moralement illicite. Mais lorsqu'une action est focalisée sur un but innocent, tout en étant exposée à produire des effets externes dommageables, le dommage qu'elle produit peut ne pas suffire à rendre la conduite moralement condamnable. Sans doute la conduite n'est-elle pas moralement indifférente. Mais il est manifeste que la différence entre ce qu'on fait et ce qui est un effet même prévisible de ce qu'on fait peut, dans de nombreux cas, permettre de placer l'action elle-même à l'abri de la condamnation morale à laquelle elle serait vouée si elle était une action focalisée sur le résultat moralement problématique. On permettra l'action de l'entrepreneur, sous réserve par exemple qu'il contribue fiscalement à compenser les effets externes négatifs de sa conduite. Mais on permettra tout court et sans compensation qu'une ambulance traverse toutes sirènes hurlantes la ville endormie, même si cela a pour effet externe sinon prévisible, du moins possible de causer la mort par crise cardiaque d'un homme craintif au sommeil léger.

Cette indéniable spécificité morale des conduites génératrices d'effets externes, lorsqu'on les compare aux conduites focalisées sur la production d'un dommage, pourrait toutefois être considérée comme théoriquement négligeable et les dommages collatéraux prévisibles pourraient, dans leur ensemble, être fictivement assimilés à des dommages focaux, si le cas général, dans les relations interhumaines, était celui de *l'action intentionnelle focalisée sur autrui* et le cas rare ou l'exception celui de *l'interférence collatérale dans la vie d'autrui.* Il serait compréhensible que l'on cherchât à assimiler l'exception à la règle ou, au moins, il serait compréhensible que l'on ne cherchât pas à bouleverser les principes directeurs de l'éthique et, spécialement, le principe qui veut que l'homme n'ait pas le droit de faire du mal à l'autre homme. Mais le problème est que c'est en réalité l'inverse qui est vrai. Dans la Grande société dans laquelle tous les hommes vivent désormais[1], s'il continue bien sûr d'exister toutes sortes de micro-situations de face-à-face dans lesquelles les hommes peuvent se faire du mal les uns aux autres ou se traiter injustement, le cas général est celui de l'interférence collatérale ou des effets externes. Dans la grande majorité des cas, ce qu'un homme fait à un autre homme, en bien ou en mal d'ailleurs, ne s'accomplit pas dans une situation de face-à-face où l'agent connaît le patient qu'il affecte, où l'agent a, face à lui, le *visage* de son patient. Le plus souvent, l'agent ne connaît que de manière abstraite ou descriptive qu'il existe quelque patient qui bénéficie ou qui pâtit de ce qu'il fait. Dans la Grande

---

1. Le concept de « Grande société » a été thématisé par Friedrich Hayek pour désigner le réseau d'interactions non planifiées qui, de proche en proche, relie tous les hommes, sur toute la Terre, mais aussi au long du temps ou de manière intergénérationnelle. La Grande société, manière de basse continue de la vie humaine, est celle « où des millions d'hommes réagissent les uns sur les autres et où s'est développée la civilisation telle que nous la connaissons ». F. Hayek, *Droit, législation et liberté*, trad. R. Audouin, Paris, P.U.F., 1980, t. I, p. 16. Le concept de Grande société s'oppose à la fois à celui d'une micro-société socialement fermée et géographiquement encapsulée, mais aussi au concept d'une société au sein de laquelle toutes les interactions seraient organisées et planifiées par une autorité centrale. Quelque opinion qu'on ait de la *doctrine* de Hayek, le fait est que tous les hommes vivent désormais dans la Grande société qui relie de proche en proche tous les habitants de la Terre et dont les milliards d'interactions quotidiennes ne sont planifiées par personne.

société, l'homme fait du bien ou du mal à l'autre homme sans
voir le visage de celui qu'il rend heureux ou malheureux.

Or, dès lors que ces situations d'interférence collatérale
sont légion, dès lors qu'elles sont l'essentiel de la manière dont
les hommes se font du bien ou du mal les uns aux autres, n'est-
il pas théoriquement insatisfaisant de les aborder comme si
elles étaient des situations d'interaction intentionnelle, comme
si elles relevaient du *paradigme du face-à-face*? Plutôt que de
tricher avec les faits, ne vaudrait-il pas mieux les prendre pour
ce qu'ils sont et, au lieu de chercher à les assimiler à ce qu'on a
l'habitude de penser, ne vaudrait-il pas mieux chercher à leur
appliquer les catégories de la justice et de l'injustice sur un
mode qui soit adapté à ce qu'ils sont, c'est-à-dire en mobilisant
des principes et des schémas de raisonnement qui soient
propres aux situations d'interférence collatérale ou externe?
Ne vaudrait-il pas mieux tenter d'élaborer une *éthique des
externalités*, puisque c'est majoritairement sous ce mode des
effets externes, positifs et négatifs, que l'homme fait du bien
ou du mal à l'autre homme[1]?

Considérons, pour fixer les idées, le problème de la
pauvreté, aussi bien à l'échelle domestique qu'à l'échelle globale. Si la pauvreté résultait d'une action d'appauvrissement
intentionnel, le problème d'éthique sociale soulevé par la
pauvreté serait aisé à résoudre. Il ne peut être permis de nuire
intentionnellement à autrui, que cette nuisance soit une fin
dernière ou qu'elle soit un moyen à l'intérieur d'un projet

---

1. Une éthique des externalités est prioritairement une éthique des *méfaits*
externes. Mais, comme nous le montrerons le moment venu, une éthique des
externalités doit aussi traiter des *bienfaits* externes, dès lors que, même s'il est
moins grave de ne pas répondre aux bienfaits d'autrui que de lui infliger des
dommages, l'ingratitude n'en est pas moins un vice socialement pernicieux.

rationnel. Si les pauvres étaient donc rendus pauvres par l'action intentionnelle d'appauvrissement menée par certains, l'action dont ils pâtiraient serait clairement injuste et devrait immédiatement cesser. Mais il n'est évidemment pas vrai qu'il y a, dans la société, des gens qui travaillent à en rendre d'autres pauvres, des gens dont c'est là la fonction ou le but[1]. En revanche il y a clairement des gens qui se livrent à toutes sortes d'activités à bien des égards licites, comme de faire du commerce ou de chercher à s'enrichir, qui se trouvent avoir pour effet externe que certains sont rendus pauvres ou sont empêchés de cesser de l'être. Parce que cet effet externe est connu de ceux qui agissent ainsi et, de façon plus générale, de la société politique à laquelle ils appartiennent, leur conduite ne peut être tenue pour moralement innocente ou indifférente. Mais il paraît en même temps difficile de résoudre le problème ainsi soulevé en soutenant que les activités qui ont de tels effets externes doivent immédiatement cesser ou que ceux qui les engendrent portent la pleine responsabilité de ces effets externes. Quelque chose est vraisemblablement *dû* par ceux qui se livrent à ces activités, en raison des effets externes dommageables prévisibles ou connus qu'elles engendrent.

---

1. Que ce soit littéralement faux n'empêche évidemment pas un certain nombre d'auteurs de faire comme si c'était vrai, c'est-à-dire d'assimiler le dommage collatéral générateur de la pauvreté à un dommage focal. La question devient alors plus aisée à traiter. Voir par exemple M. Hardt, A. Negri, *Multitude. Guerre et démocratie à l'âge de l'empire*, Paris, La Découverte, 2004 et notre compte rendu paru dans la *Revue philosophique*, n°1/2006, p. 104-105. Une autre possibilité, plus réfléchie, consiste, selon un vocabulaire que nous introduirons au chapitre 1 *infra*, à considérer la pauvreté à l'échelle mondiale comme un effet collatéral *interne* de certains choix institutionnels et réglementaires et à en faire supporter la responsabilité par ceux qui tirent bénéfice de ces institutions. Sur cette stratégie, *cf.* Thomas Pogge, *World Poverty and Human Rights*, Oxford, Polity Press, 2002, notamment chap. 4.

Mais il n'est pas aussi aisé de déterminer la nature et le montant de cette dette que si la pauvreté était le résultat d'une série d'actes de nuisance ou de violence intentionnellement accomplis.

Le problème de la pauvreté que nous venons de mentionner suffit, croyons-nous, à faire apercevoir l'importance que peut revêtir l'élaboration d'une éthique des externalités. Une part importante des maux dont les habitants des sociétés contemporaines ont à souffrir sont, non pas le résultat d'actions délibérées de nuisance, mais des effets externes cumulés d'actions visant à de tout autres buts. La pauvreté, la dégradation de l'environnement, la raréfaction des ressources naturelles, les risques de certaines inventions technologiques, certains effets des migrations[1], mais aussi bien l'insécurité ou la pression démographique sont autant de maux dont on ne peut imputer la responsabilité à des agents dont ils seraient l'œuvre intentionnelle ou focale. Mais ces maux ne sont pas non plus les effets externes inopinés ou destinaux d'actions entièrement innocentes, voire d'évènements naturels. Il y a clairement des hommes qui en portent la responsabilité, mais cette responsabilité ne paraît pas être de même nature et de même étendue que celle qui caractérise le plein *auteur* d'un acte. Un « causateur » collatéral informé est moins qu'un auteur, tout en étant plus qu'un causateur collatéral ingénu.

Une éthique des externalités doit donc principalement rouler sur les conséquences normatives que l'on peut attacher à cette responsabilité réelle mais atténuée qui caractérise la production d'un effet externe. Parce que cette atténuation de responsabilité est susceptible de degrés, parce que les effets

---

1. Nous songeons spécialement à la « fuite des cerveaux ».

externes eux-mêmes sont de diverses sortes et de gravité très inégale, il y a peu de chances pour qu'une éthique des externalités se réduise à un unique principe normatif d'application générale. Mais il y a également peu de chances pour que les principes directeurs d'une éthique des externalités se présentent comme une simple reconduction ou comme une simple extension des principes bien assis de l'éthique du face-à-face. Car lorsqu'il s'agit d'apprécier, d'un point de vue moral, non ce que l'homme fait de face à l'autre homme, mais ce qu'il lui fait de biais ou collatéralement, il paraît difficile d'admettre la pleine validité ne serait-ce que du principe *minimal* de toute éthique du face-à-face, à savoir le principe commandant de *ne pas* faire de mal à l'autre homme. Car comment concevoir la pleine réalisation d'un tel principe, sinon en imaginant une société pure de toute nuisance externe ? Or ce rêve n'évoque-t-il pas bien plutôt le cauchemar d'une société entièrement contrôlée dans laquelle les actions de chacun seraient comme enfermées dans un tunnel réglementaire assurant leur innocuité pour les autres ? Si l'éthique du face-à-face est minimalement une éthique de la non-nuisance[1], cette éthique minimale de la non-nuisance pourrait bien se muer en une éthique maximalement oppressive si elle devait s'étendre jusqu'à l'ensemble des effets externes de nos actions : serait-il encore permis de tourner la clef de contact de son automobile ? Un simple éternuement ne nous exposerait-il pas à la prison ?

Quiconque s'emploie à élaborer une éthique des externalités doit donc se préparer à devoir envisager, même sous la forme la plus atténuée qu'il soit possible, une permission de nuire sans compensation et de jouir sans

---

1. Pour cette notion d'éthique minimale, *cf.* R. Ogien, *L'éthique aujourd'hui : maximalistes et minimalistes*, Paris, Folio-Gallimard, 2007.

rétribution. Il doit se préparer, non à flirter avec le mal, mais à dissocier le bien social de la pureté. Si le lecteur est prêt à s'aventurer sur ce terrain glissant, nous l'invitons maintenant à nous suivre.

## CHAPITRE PREMIER

# L'INTERNE ET L'EXTERNE

Le concept d'externalité ou d'effet externe que nous avons employé pour introduire la problématique de ce travail n'est pas un concept technique bien répertorié de la philosophie morale[1]. C'est un concept qui, pour l'essentiel, a été introduit et thématisé par la science économique[2]. L'existence d'effets externes constitue en effet une source d'inefficience économique, ce qui a conduit les économistes à réfléchir aux moyens de remédier à ces déficiences du marché. Toutefois, comme nous allons brièvement le montrer, le concept *économique*

1. Ou de l'éthique. Nous ne ferons aucune différence dans ce qui suit entre les mots « morale » et « éthique ». Les considérations auxquelles nous allons nous livrer relèvent de ce qu'on peut aussi bien appeler « morale sociale » que « éthique sociale ».

2. La référence séminale est A. C. Pigou, *The Economics of Welfare*, London, Macmillian, 1932[4], part II, chap. 9. Pour des contributions plus systématiques et plus récentes, on peut mentionner J. E. Meade, *The Theory of Economic Externalities. The Control of Environmental Pollution and Similar Social Costs*, Genève, Sijthoff-Leiden, 1973 et R. Cornes, T. Sandler, *The Theory of Externalities, Publics Goods and Club Goods*, Cambridge, Cambridge UniversityPress, 1996[2].

d'effet externe n'est guère exploitable dans le cadre d'une réflexion d'ordre moral, ce qui va nous conduire à essayer de doter la philosophie morale d'un concept propre d'effet externe.

## LE CONCEPT ÉCONOMIQUE D'EFFET EXTERNE

Quel est tout d'abord le concept économique d'un effet externe? C'est celui d'un « événement qui procure un bénéfice appréciable (inflige un dommage appréciable) à une ou plusieurs personnes qui n'étaient pas des parties pleinement consentantes à la décision qui a amené directement ou indirectement l'effet en question[1] ». D'un point de vue économique, un effet externe est donc a) un événement générateur d'un bénéfice ou d'un dommage qui sont économiquement appréciables, c'est-à-dire qui accroissent ou amenuisent une valeur économique et b) un événement dont l'externalité est principalement définie par référence à « l'internalité » paradigmatique des « consentements » ou transactions de marché. Ainsi, typiquement, le phare que j'installe à mes frais au bout de mon jardin, pour pouvoir rentrer mon bateau sans m'échouer sur les récifs, apporte un bénéfice économique appréciable à mes voisins navigateurs, mais ce bénéfice, ils en jouissent en dehors de toute espèce de transaction de marché. De même, et tout aussi typiquement, les polluants que mon usine de pâte à papier déverse dans la rivière infligent un préjudice économique à la ferme piscicole située en aval, mais ce coût

---

1. *Cf.* J. E. Meade, *The Theory of Economic Externalities*, p. 15. Cette définition sert de point de départ à R. Cornes, T. Sandler, *op. cit.* p. 39.

supplémentaire que j'inflige à la ferme piscicole n'a fait l'objet
d'aucune transaction de marché.

Si la science économique n'est évidemment pas aveugle
aux problèmes moraux posés par ces effets externes, qu'il
s'agisse, d'un côté, du problème posé par ceux qui jouissent
d'un bénéfice économique sans en payer le prix ou, de l'autre
côté, du problème posé par ceux qui génèrent des coûts économiques sans les supporter eux-mêmes[1], la raison principale
pour laquelle la science économique consacre un chapitre
aux effets externes est que ceux-ci sont des bénéfices ou des
coûts économiques non médiatisés par le marché. Or, pour la
science économique, le marché n'est pas seulement un espace
social de distribution de bénéfices et de charges économiques
parmi d'autres. C'est un espace social qui, lorsqu'il répond à
certains contraintes de structure, assure un optimum d'emploi
des ressources disponibles, compte tenu des préférences des
uns et des autres. Les effets externes, négatifs comme positifs,
apparaissent donc comme des déficiences de marché, génératrices de sous-optimalité dans l'allocation des ressources et
le problème se pose donc de savoir comment remédier à ces
déficiences de marché.

Reste que ce concept économique d'effet externe, qui
réfère l'externalité des effets externes à l'internalité paradigmatique des transactions de marché, ne peut satisfaire l'éthicien. En premier lieu, il n'est évidemment pas vrai que tout
effet externe sur autrui, qu'il lui procure un bénéfice ou lui
occasionne un dommage, possède une valeur économique. Si
Pierre épouse Annie, il prive Jean de la possibilité de le faire.

---

1. Dans le vocabulaire de David Gauthier, le premier est un profiteur
(*free-rider*), le second un parasite. Cf. *Morale et contrat*, trad. S. Champeau,
Liège, Mardaga, 2000, p. 197 *sq.*

Mais si l'on admet que Pierre a épousé Annie par amour, et non pour empêcher Jean de pouvoir le faire, la déception de Jean est un effet externe de l'action de Pierre. Or cette déception, ce «dommage» infligé à Jean par Pierre n'a, évidemment, aucune valeur économique. Le champ des effets externes excède donc celui des seuls effets externes à valeur économique.

Mais le concept économique d'effet externe n'est pas seulement trop étroit : il est surtout, d'un point de vue éthique, inadéquat, parce qu'il est *insensible au mode d'implication de l'agent dans la production de l'effet externe économique*. Je peux, par exemple, prendre ma voiture *et* polluer l'environnement. Mais je peux aussi prendre ma voiture *pour* polluer l'environnement. Du point de vue du concept économique d'effet externe, il n'y aucune différence entre ces deux cas : la dispersion de polluants volatiles est un effet externe, au sens économique, parce qu'il représente «un dommage appréciable» pour des «personnes qui n'étaient pas des parties pleinement consentantes à la décision qui a amené directement ou indirectement l'événement en question». Mais, pour l'éthicien, il y a évidemment une différence fondamentale entre ce qu'on fait et ce qui est un effet, même prévisible, de ce qu'on fait. Dans les deux cas, on peut sans doute rapporter la dispersion de polluants volatiles à la décision de l'automobiliste comme à une *cause* : mais on sent bien qu'il y a une évidente différence, du point de vue de la responsabilité de l'agent et de l'évaluation morale de son action, entre un pollueur malgré lui et un pollueur intentionnel. Dans un cas, l'automobiliste peut avoir à prendre sa voiture dans le cadre d'une action que l'on juge légitime et être collatéralement conduit à polluer. Dans le second cas, on ne voit pas que l'automobiliste ait pu, légitimement, *vouloir* polluer.

Si l'on veut donc aborder d'un point de vue moral le problème posé par les bénéfices et dommages externes de nos actions, nous ne pouvons nous baser sur le concept économique d'effet externe[1]. Nous avons besoin de définir l'externalité d'un effet externe en nous référant à l'agent et à son action de façon à rendre le concept d'effet externe sensible au degré de responsabilité de l'agent dans sa production. Nous devons en particulier pouvoir distinguer entre 1) ce que fait un agent, 2) ce qui est un effet externe prévisible ou envisageable de ce qu'il fait et 3) ce qui est une suite inopinée de ce qu'il fait. La difficulté est de proposer une analyse de l'action humaine qui permette d'associer à chacune de ces notions un critère d'application : dans quels cas le dommage ou le bénéfice qui résultent causalement d'une action doivent-ils être comptés comme des effets intentionnels ou internes de cette action? Dans quels cas comme des effets externes de celle-ci? Dans quels cas comme des suites inopinées de sa réalisation?

## ACTION ET ÉVÈNEMENT

Pour démêler ces notions et isoler un concept moralement exploitable d'effet externe, nous proposons de partir d'une distinction à la fois fondamentale du point de vue de l'analyse de l'action humaine et éclairante pour notre propos : c'est celle que l'on peut faire entre l'*action* qu'un homme accomplit et l'*événement opératoire* qui se produit dans le monde quand cet homme accomplit son action et durant le temps qu'il l'accomplit. Lorsque nous agissons, il y a toujours certaines

---

1. Ce qui n'est évidemment pas dire que des considérations économiques ne peuvent pas être pertinentes d'un point de vue moral, comme le montrera notamment, au chapitre 4 *infra*, notre exploitation du « théorème de Coase ».

*opérations* que nous exécutons, que ces opérations aient la forme minimale de la profération d'un énoncé, si notre action est une action verbale, ou qu'elles impliquent des mouvements plus complexes de notre corps, des maniements d'outils, etc[1]. Vues du dehors, ces opérations sont des évènements qui se produisent dans le monde. Nous les appelons pour cela des *évènements opératoires*, la dimension opératoire de l'événement venant du fait qu'il inclut l'agent en action[2].

Soit, par exemple, l'action consistant à dérober un bijou dans la vitrine d'un joaillier de la place Vendôme. Quand cette action s'accomplit et pendant tout le temps où elle s'accomplit, un certain événement opératoire se produit également dans le monde, une prise-de-bijou-dans-une-vitrine. Si cette action s'accomplit, alors cet événement a lieu[3]. Mais, à l'inverse, si

1. Il peut arriver qu'une action consiste en une abstention, c'est-à-dire qu'un agent fasse quelque chose en ne faisant rien, en se taisant par exemple ou en ne bougeant pas. On admettra toutefois qu'il s'agit là de cas limites et que la parole *attendue*, mais qui ne vient pas, ou le mouvement *attendu* qui se fait attendre, constituent des formes limites d'*opérations*, comme si l'agent devait faire quelque chose (se retenir) pour ne rien faire.

2. On peut décomposer une unique action en train de s'accomplir en une série d'évènements opératoires. Par souci de simplification, nous parlerons de l'« événement opératoire », en entendant par là ce qu'opère l'agent durant tout le temps où il accomplit son action. Il ne nous paraît pas utile, pour notre propos, d'entrer dans les complexités de l'analyse des actions qui ont une grande extension temporelle (et qui impliquent par exemple que l'agent dorme plusieurs fois dans le cours de son action) ou de celles dont le début ou la fin sont vagues ou encore de celles qui requièrent la participation de plusieurs exécutants.

3. Si l'agent croit dérober un bijou, mais, à son insu, dérobe un bonbon, il y a une prise-de-bonbon qui se produit dans le monde : mais qu'a fait l'agent ? Si l'on se borne à dire qu'il a dérobé un bonbon, on ne fait pas apparaître ce qui est pourtant pour lui l'essentiel, à savoir qu'il a échoué à voler un bijou en raison de sa méprise pratique. Car la grande différence entre action et événement est qu'une action peut réussir ou échouer, au lieu qu'un événement a simplement lieu. On doit donc dire, nous semble-t-il, que l'agent a volé un bonbon en

cet événement a lieu, si une-prise-de-bijou prend place dans le monde, il ne suit pas que l'action qui se trouve accomplie soit l'action de dérober un bijou. L'action accomplie peut en effet être l'action de tester le système de sécurité de la joaillerie ou l'action de faire une mauvaise plaisanterie au joaillier. Si l'événement opératoire est déterminé par l'action, sous réserve des situations de méprises pratiques, l'action est en revanche sous-déterminée par l'événement : un seul et même événement peut constituer le contenu opératoire de plusieurs actions distinctes [1].

Cette distinction entre action et événement opératoire ne doit pas être mal interprétée. Elle ne signifie pas que l'action et l'événement sont deux entités réellement distinctes, que l'action est une manière de double psychique de l'évènement. En réalité, l'événement est seulement la composante opératoire de l'action, la face par laquelle l'action pénètre dans le monde et le modifie. L'action ne peut donc exister sans que l'événement n'existe aussi : l'action de voler un bijou dans une vitrine comporte, comme composante opératoire essentielle, une prise-de-bijou. En revanche, un seul et même événement ou un seul et même type d'événement (une prise-de-bijou) peut être la composante opératoire d'actions distinctes (un vol, un test de sécurité, une mauvaise plaisanterie), de même qu'il peut aussi ne pas être la composante opératoire d'une action, mais, par exemple, d'un acte involontaire ou contraint (une

---

croyant voler un bijou, de sorte qu'il n'est pas parvenu à voler un bijou. Pour une analyse différente, plus externaliste, des méprises pratiques *cf.* D. Davidson, « Agency », dans *Essays on Actions and Events*, Oxford, Clarendon Press, 2001, p. 45 *sq.*

1. Sur cette sous-détermination de l'action par l'événement, *cf.* l'analyse célèbre d'E. Anscombe dans *L'intention*, trad. M. Maurice, C. Michon, Paris, Gallimard, 2002, § 23, p. 81 *sq.*

prise-de-bijou par un somnambule ou par un cleptomane compulsif).

Ce que signifie donc fondamentalement la distinction formelle plus que réelle de l'action et de l'événement opératoire, c'est que, quand nous agissons, des évènements se produisent dans le monde, des évènements par le truchement desquels nos actions modifient le monde, y produisent des effets, y ont un rôle causal. Si je prends un bijou (action), il y a un événement qui se produit dans le monde (une prise-de-bijou) et cet événement, parce qu'il doit se faire une place dans le monde, dérange son environnement (l'alarme sonne, le joaillier est sans bijou, etc.). Il y produit des effets. Et ces effets, à leur tour, ne sont pas des culs-de-sac étiologiques : ils continuent de se diffuser dans le monde alentour et dans les temps futurs.

Si l'on admet cette distinction entre l'action et l'événement opératoire, le problème qui nous retient revient à distinguer, parmi les effets d'un événement opératoire, ceux qui sont *faits* par l'agent, ceux qui sont des *effets externes* de ce que fait l'agent et ceux qui sont des *suites inopinées* de ce qu'il fait. Pour faciliter l'analyse, en même temps que pour la maintenir dans les limites de notre problématique, nous nous concentrerons sur les effets qui constituent des dommages ou des bénéfices pour des personnes, quelle que soit, pour l'instant, la façon de déterminer et de mesurer ce qui est un bénéfice ou un dommage pour quelqu'un. On peut donc reformuler notre problème de la manière suivante : parmi les bénéfices ou les dommages qui sont des effets d'événements opératoires, lesquels ont été faits par l'agent, lesquels sont des effets externes de ce qu'il a fait, lesquels sont des suites inopinées de ce qu'il a fait ?

## ACTION ET INTENTION

Comment tout d'abord faire le départ entre l'interne et l'externe, entre ce que nous faisons et ce qui suit de ce que nous faisons, soit à titre d'effet externe au sens strict, soit à titre de suite inopinée ?

Une solution tentante pour fixer le point de partage entre ces deux régions est de se baser sur le *foyer intentionnel* de l'action. Si l'action est sous-déterminée par l'événement opératoire qui lui correspond, c'est, nous l'avons dit, parce qu'un seul et même type d'événement peut être la composante opératoire d'actions distinctes. Mais qu'est-ce alors qui individualise l'action, si ce n'est pas l'événement qui en est la composante opératoire ? On peut admettre, à la suite d'Elizabeth Anscombe, que c'est l'*intention* dans laquelle l'agent opère ou, dans un vocabulaire plus traditionnel, la *fin* qu'il poursuit, c'est-à-dire ce que l'agent invoquerait si, décrivant l'événement opératoire qu'il génère, on lui demandait : « Pourquoi fais-tu cela ? » [1]. Une seule et même prise de bijou, à laquelle un observateur extérieur peut assister, est une action de cambrioler la joaillerie, une action de tester le système de sécurité de la joaillerie ou bien une action de faire une niche au joaillier, en vertu de *l'intention* dans laquelle l'agent avance ses doigts vers le bijou, de ce qu'il cherche à produire ou à obtenir en les avançant. Ce qu'il est en train de faire, l'action qu'il accomplit, c'est ce que détermine et délimite son

---

1. En entendant ce mot « pourquoi » en un sens spécial, le sens qui conduit à invoquer comme réponse non une cause mentale (« parce que je suis énervé »), mais un motif ou un but (« pour m'emparer du bijou », « pour tester le système de sécurité », « pour sauver le monde ») *Cf.* E. Anscombe, *L'intention*, *op. cit.*, § 16 et § 25.

intention : cherche-t-il à s'emparer du bijou sans être détecté par le système de surveillance ? Est-il en train de voir si l'alarme va bien sonner ? Se réjouit-il intérieurement de la tête de son ami le joaillier quand il entrera au petit matin dans sa boutique ? Et, bien évidemment, ces intentions différentes s'intègrent dans le contexte de la vie de l'agent, une vie qui donne sens au fait qu'il est en train de cambrioler une joaillerie de la place Vendôme ou bien qu'il est en train de tester l'alarme qu'il y a installée ou bien encore qu'il est en train de jouer un tour à Pierre Boucheron, son ami joaillier.

Cette notion d'intention de l'agent ou de foyer intentionnel de l'action peut sans conteste permettre d'identifier une première classe d'effets de nos opérations pratiques relevant sans ambiguïté de ce que nous faisons. Une action, avons-nous dit, possède une composante événementielle par laquelle elle s'insère dans le monde et le modifie. Cette composante évènementielle correspond aux opérations de l'agent, soit qu'il en soit l'opérateur ou l'exécutant effectif, soit qu'il en soit le commanditaire autorisé. Ces opérations sont rarement la fin même de notre action, c'est-à-dire qu'elles ne sont pas à elles seules toute l'action[1]. On pourrait cependant être tenté de soutenir que la seule chose que fasse réellement un agent, c'est d'exécuter diverses opérations. *Tous* les effets de ses opérations seraient à mettre au compte du monde. L'agent actionnerait un interrupteur et, si la lumière s'allumait, ce n'est pas lui qui aurait allumé la lumière. Il aurait actionné

---

1. L'opération qui est à elle-même sa propre fin, qui est autotélique, par exemple courir pour courir, est toutefois, d'après Aristote, le paradigme de l'action véritable. Cf. *Métaphysique*, Θ, 6, 1048 b 17-35, trad. J. Tricot, Paris, Vrin, 1974, t. II, p. 501-503.

l'interrupteur et le monde, avec ses lois physiques et sa complexion technique, aurait fait que la lumière soit.

Mais cette sorte d'occasionnalisme ne paraît guère plausible. Car il n'est évidemment pas vrai que l'agent actionne l'interrupteur *et* que la lumière s'allume. Il actionne l'interrupteur *pour* allumer la lumière. Sans doute l'illumination des ampoules n'est pas quelque chose qu'il opère lui-même : ce sont les électrons qui circulent sur les fils électriques qui conduisent à l'incandescence des ampoules. Mais cet effet, l'agent le vise et ses opérations s'ajustent à cette visée : il exécute ce qui doit l'être pour que l'effet se produise, compte tenu des lois de la nature.

Ceci suggère que les effets dont la production constitue le but de nos opérations, soit qu'il s'agisse du but final par référence auquel se jugera la réussite ou l'échec de notre action, soit qu'il s'agisse de buts intermédiaires ou instrumentaux, doivent être inclus dans la région de ce que nous faisons, de ce dont nous sommes les auteurs. Quand nous agissons pour faire plaisir à quelqu'un, lorsque, par exemple, nous lui offrons un cadeau, le plaisir ou le contentement d'autrui ne sont pas, au sens strict, produits par nous, au sens où nous en serions les opérateurs ou les fabricants. Nous ne pouvons mettre nos doigts dans l'âme d'autrui : le plaisir ou le contentement y surgissent tout seuls. Mais nous visons cependant à ce que cet effet se produise, nos opérations sont orientées vers la production de cet effet. Il serait extravagant d'analyser les choses, dans un cas de ce genre, en disant que nous avons fait quelque chose *et* qu'autrui est devenu plus heureux. En réalité, nous avons travaillé à rendre autrui plus heureux, son contentement est notre œuvre, c'est ce que nous avons fait.

Nous faisons donc au moins ce que nous opérons et ce qui est un effet intentionnel de ce que nous opérons : mais est-ce là

tout ce que nous faisons? Nous avons dit que la notion
d'intention pratique correspondait à la notion traditionnelle de
*fin* de l'action, autrement dit à ce que l'agent s'emploie à
produire ou à obtenir et par référence à quoi se jaugera la
réussite ou l'échec de son action. Or, s'agissant du cas qui nous
occupe, c'est-à-dire les bénéfices ou les dommages que nos
actions procurent ou infligent aux autres, s'il arrive somme
toute assez souvent que l'on fasse du bien à autrui dans l'intention de lui en faire, il est plus rare, quoique pas absolument
rare, que l'on fasse du mal à autrui dans l'intention de lui en
faire. Soit à nouveau notre prise-de-bijou, en supposant que
nous sommes vraiment en train d'assister à un cambriolage.
Nous pouvons admettre que cet événement aura pour effet de
causer un dommage au joaillier, à la fois un désagrément
affectif et un préjudice financier. Mais il est cependant douteux
que ce dommage corresponde à l'intention dans laquelle le
cambrioleur agit, qu'il soit la fin qu'il poursuit. Si on lui
demande ce qu'il fait, il ne dira vraisemblablement pas : « Je
suis en train de nuire au joaillier », mais bien plutôt : « Je suis
en train de cambrioler la joaillerie ». Nuire au joaillier ne
constitue donc pas le foyer intentionnel de l'action du cambrioleur. Si l'on affirme dès lors qu'un agent fait seulement ce
qui correspond à l'intention dans laquelle il agit, ne faudra-t-il
pas en conclure que, dans notre exemple, nuire au joaillier
n'est qu'un effet externe de l'action du cambrioleur ? Plus
généralement, ne faudra-t-il pas dire qu'en dehors des cas aussi
rares que pervers où l'on agit *pour* faire du mal à autrui, tous les
dommages ou préjudices que nous occasionnons aux autres
sont des effets externes de nos actions ?

## Effets collatéraux internes
### et effets collatéraux externes

Le vrai problème, pour notre objet, tient donc au fait que de nombreux effets de nos opérations et, au premier chef, toutes sortes de dommages infligés aux autres, n'ont en aucune façon le statut de buts de nos actions, mais sont des effets *collatéraux* de nos opérations. Quand Pierre épouse Annie, la déception que cela procure à Jean ne faisait pas partie des objectifs de Pierre. Quand le cultivateur traite ses plantations avec du Gaucho, le préjudice qu'en subit l'apiculteur voisin ne faisait pas partie de ses objectifs. Quand le cambrioleur réussit son coup de maître place Vendôme, l'aigreur que cela procure au joaillier ne faisait pas partie des objectifs du cambrioleur. Ce sont donc là autant d'effets collatéraux des actions accomplies. Mais, et tel est le cœur de notre problème, tous les effets collatéraux de ce type sont-ils sur le même plan ? Sont-ils tous sans distinction des effets *externes* de ce que l'agent fait, au motif qu'ils ne sont pas situés dans le foyer intentionnel de l'action ? Tout effet collatéral d'une opération est-il un effet externe de l'action dont cette opération est le moment opératoire ?

Il nous semble précisément que l'on doit établir une distinction, parmi les effets *collatéraux* de nos opérations, entre des *effets internes* et des *effets externes*. Et l'on peut avancer que ce qu'un agent *fait*, ce dont il est le plein auteur ou le plein responsable, comprend sans aucun doute ses *opérations* et les *effets focaux* de ses opérations, mais aussi les *effets collatéraux internes* de ses opérations, par contraste avec les *effets collatéraux externes* de ses opérations qui sont eux, à proprement parler, des effets de ce que l'agent fait.

Considérons, pour appréhender cette distinction entre effets collatéraux internes et effets collatéraux externes, deux des cas précédemment mentionnés, celui de la déception causée à Jean par le mariage de Pierre avec Annie et celui de l'aigreur du joaillier à la suite du cambriolage de sa joaillerie par celui que nous nommerons désormais Arsène. Nous admettrons qu'aucune de ces deux situations ne relève de ce que nous appellerons la *Focalisation Perverse*, qui consiste à placer ce genre d'effets au foyer intentionnel de nos opérations. Ni Pierre n'épouse Marie *pour* causer une déception à Jean, ni Arsène ne dévalise la joaillerie *pour* causer des aigreurs au joailler. Pierre et Arsène ne sont pas des Focaliseurs Pervers. Ils nuisent collatéralement.

Mais quoique l'un et l'autre nuisent collatéralement, il y a une différence essentielle entre les effets collatéraux de leurs opérations. Est-il possible ou, du moins, aurait-il été possible d'épouser Annie sans causer de déception à quiconque ? Oui, il aurait suffi qu'Annie ne soit aimée de personne d'autre que de Pierre. Dans ce cas, Pierre aurait épousé Annie et c'est tout : aucun dommage n'aurait été causé à personne. Par contraste, est-il possible de voler un joaillier sans occasionner de dommage ou, plus exactement, de préjudice au joaillier que l'on vole ? Évidemment non : compte tenu de ce qu'est un vol, cet effet collatéral : dépouiller quelqu'un de son bien et, par là même, lui causer ce type spécifique de préjudice qui consiste à le priver de ce sur quoi il a un droit de propriété, cet effet collatéral est enveloppé *dans* l'opération même de voler quelque chose, il suit nécessairement de l'opération du cambrioleur.

Que révèle cette différence de modalité, cette différence entre le fait que le premier dommage *aurait pu* ne pas être causé, tandis que le second *ne pouvait pas ne pas* être causé ? Elle révèle l'existence de deux structures distinctes de la causalité, de deux modes de production causale d'un effet collatéral. Le premier effet collatéral, la déception de Jean, résulte en effet moins de l'opération seule, à savoir du mariage de Pierre avec Annie, que de la rencontre de cette opération avec le *milieu* ou *l'environnement dans* lequel elle s'accomplit, de sa rencontre avec la complexion de ce milieu ou de cet environnement, en l'occurrence le fait que non seulement Jean y existe, mais que Jean aime aussi Annie. L'effet est donc, dans ce cas, *le produit causal combiné de l'opération et de son milieu.* Par contraste, le second effet collatéral, le préjudice du joaillier, est quant à lui un effet qui s'explique entièrement par l'opération intentionnelle d'Arsène, par le fait qu'Arsène a *volé* un bijou, un vol consistant nécessairement ou analytiquement dans le fait de s'emparer d'un bien appartenant à autrui. En quelque monde qu'Arsène ait agi, si ce monde comportait l'institution de la propriété, alors voler un bijou en ce monde aurait impliqué la production collatérale d'un dommage à l'endroit du propriétaire du bijou.

Or cette différence entre des effets collatéraux qui sont le produit causal combiné d'une opération et d'un milieu et des effets collatéraux qui sont le produit causal simple et unique des opérations intentionnelles d'un agent possède une signification décisive lorsqu'on s'intéresse, comme nous le faisons ici, non pas seulement à la causalité, mais à la responsabilité. Car on peut admettre, et c'est là le point clef, que l'agent n'est en aucune façon responsable du milieu et de la complexion du milieu dans lequel il agit. Le milieu est un bout du monde et le monde transcende l'action comme l'agent. Évidemment, il peut arriver et il arrive même sans cesse que, pour agir, nous ayons besoin de nous placer dans une certaine situation, de nous rapprocher de certaines personnes, d'entrer en interaction avec elles. Mais ce n'est pas là alors le *milieu* de notre action, la

partie du monde dans laquelle nos opérations s'insèrent, mais
ce que nous proposons d'appeler l'*espace interne* de notre
action. Si je veux vendre un bien à quelqu'un, je dois me
rapprocher de l'acheteur, entrer en interaction avec lui, le faire
sortir du monde ou du milieu de ma vie et de mes actions pour
le faire entrer dans l'espace interne de mon agir. Mais aussi
large que soit l'espace interne d'une action, il ne peut, hormis
peut-être lorsque l'action concernée consiste à tenter de sauver
le monde, absorber, internaliser la totalité du monde. Quand je
fais du commerce avec quelqu'un, je fais entrer celui-ci dans
l'espace interne de mon action, mais il y a alentour tout un tas
d'autres gens qui appartiennent au milieu dans lequel s'insèrent mes opérations. Je peux bien évidemment *connaître*
l'existence et la complexion de ce milieu, mais ce milieu n'est
pas placé sous ma responsabilité, il ne fait pas partie de ce que
je *fais*, mais de ce en quoi s'insère ce que je fais.

Faire le partage entre l'espace interne d'une action et
son milieu externe peut très certainement, dans le concret
des actions, présenter une certaine complexité : où s'arrête
l'espace interne d'une action et où commence son milieu
externe ? Est-ce que le raisonnement contrefactuel est toujours
un guide sûr pour départager l'interne de l'externe ? Mais le
fait que l'on ne puisse pas toujours dire avec précision si
quelqu'un est grand ou s'il est petit ne nous empêche nullement de faire usage de ces termes et de donner un sens clair à
l'opposition qu'ils expriment. Dans le cas présent, on peut
admettre que toute action, en vertu de son intentionnalité, est
orientée vers certaines choses ou certaines personnes *dans* le
monde, choses et personnes sur lesquelles l'agent agit ou avec
lesquelles l'agent interagit. Il y a donc dès lors et nécessairement tout un ensemble de choses et de personnes *dans* le
monde qui ne sont pas intentionnellement couvertes par cette

action et qui constituent, pour cette raison même, le milieu extérieur de cette action. Si la distinction de l'interne et de l'externe peut donc être localement floue, elle n'en a pas moins une racine métaphysique claire : aucune action humaine n'est un monde à elle seule ou, si l'on préfère, aucune action humaine n'a le monde pour espace interne[1]. Il y a nécessairement du donné, de l'externe, une manière dont le monde est. Et parce que nos actions, par le truchement de leur composante opératoire, s'insèrent dans ce monde, qu'elles doivent s'y faire une place, elles y produisent des effets, elles le modifient, ces modifications pouvant être marginales, se situant aux marges de notre action, ou bien transversales, se diffusant, comme une onde, fort loin du centre de notre action.

Cette dualité de l'action et du monde et cette collaboration involontaire de l'action et du monde dans la production d'effets externes induit donc, sinon une nette division de la responsabilité des agents, du moins une différenciation scalaire de celle-ci : la responsabilité d'Arsène dans le préjudice causé au joaillier n'est clairement pas de même degré que celle de Pierre dans la déception amoureuse de Jean. Le point critique de cette échelle de responsabilité, c'est celui qui sépare les effets collatéraux qui s'expliquent entièrement par l'action de l'agent, qui se produisent dans l'espace interne de ses opérations, en particulier les effets qui affectent les gens avec lesquels il *s'est placé* dans une interaction de face-à-face, et les effets collatéraux qui sont le produit combiné de l'action de l'agent et de la complexion du milieu dans lequel il agit. On peut dire que les effets collatéraux qui s'expliquent par la seule

1. Même une action d'application mondiale, par exemple l'édiction d'une norme mondiale, possède un milieu externe et peut produire des effets externes, positifs ou négatifs.

action de l'agent sont des effets *internes* de cette action et qu'il représentent donc quelque chose que l'agent *fait*, dont il est l'auteur ou le responsable. Par contraste les effets collatéraux qui sont le produit combiné de l'action de l'agent et de la complexion du milieu, par définition *externe*, dans lequel elle s'insère, sont eux-mêmes, pour cette raison, des effets *externes* de l'action de l'agent, des effets qui sont donc moins faits par l'agent qu'ils ne sont des effets de ce qu'il fait, en vertu de la complexion du milieu dans lequel il fait ce qu'il fait. Car, du point de vue de la responsabilité d'un agent, il y a une différence peu contestable entre ce qui est produit par sa seule action et ce qui est le produit combiné de son action et de la complexion du milieu de son action. L'agent est responsable de son action, pas de son milieu. Il ne peut donc être tenu pour l'auteur des effets externes de ses actions au même titre ou au même degré qu'il l'est de son action elle-même et de ses effets internes.

« Faire » est un mot notoirement équivoque. Mais, lorsqu'il s'applique à l'action d'un agent, lorsqu'il désigne ce dont l'agent porte la pleine responsabilité, ce dont il est l'auteur, ce qui est *son* action, il inclut aussi bien ce qui est exécuté ou opéré par l'agent que ce qui est causé par ses exécutions ou opérations, soit à titre d'effet focal ou final, soit à titre d'effet collatéral interne. En revanche, l'agent ne *fait* pas ce qui est le produit causal combiné de ses opérations et de la complexion du milieu dans lequel elles s'insèrent : c'est un effet de ce qu'il fait, mais pas quelque chose qu'il fait.

## EFFET EXTERNE ET SUITE INOPINÉE

Cette analyse du concept d'effet externe est abstraite. On pressent qu'il y a des variétés d'effets de ce type. Par ailleurs,

nous l'avons dit, il y a clairement des cas moins nets que ceux
d'Arsène et de Pierre, de sorte que le partage du collatéral
interne et du collatéral externe peut, dans l'analyse concrète
des actions, se révéler délicat à établir[1]. Mais avant de quitter
le niveau d'abstraction où nous nous tenons pour l'instant et
d'analyser plus en détail le concept d'effet externe que nous
avons introduit, il nous reste encore à nous arrêter, plus brièvement, sur l'autre distinction qui, d'un point de vue moral,
nous semble fondamentale, celle d'un effet externe au sens
strict et d'une suite opinée.

Cette distinction entre effet externe et suite inopinée passe
évidemment à l'extérieur de ce qu'un agent fait. Ni un effet
externe, ni une suite inopinée ne sont, au sens qu'on vient de
définir, quelque chose qu'un agent fait, quelque chose qui est
*son* action. En découvrant la fission nucléaire en 1938 et en
publiant sa découverte, Otto Hahn[2] n'est clairement pas celui
qui a fabriqué la bombe atomique ou qui a détruit Hiroshima.
Ce n'est pas là quelque chose qu'il a fait. Pourtant, il y a
clairement un chemin causal qui relie le bombardement
d'Hiroshima à ce que faisait Otto Hahn dans son laboratoire de
l'Institut de chimie de l'Université de Berlin dans les derniers

1. Reste qu'une partie de la difficulté vient de certains emplois de la notion
de dommage collatéral, spécialement en matière militaire, qui ne distinguent
pas dommage collatéral interne et dommage collatéral externe. Si j'envoie un
missile sur un immeuble habité, au motif que cet immeuble abrite un terroriste
que je suis chargé d'éliminer, on dira peut-être que les nombreuses victimes
civiles sont des dommages collatéraux. Mais leur destruction n'est certainement pas un effet externe de mon action. C'en est un effet collatéral interne, leur
mort est mon œuvre. La grille d'analyse morale qui s'applique aux effets
collatéraux internes est ce qu'on appelle aujourd'hui la « doctrine du double
effet », que nous évoquerons *infra* (chap. 3) en prélude à la construction d'une
éthique des effets externes.

2. Associé à Fritz Strassmann et Lise Meitner.

mois de 1938. La fabrication puis l'usage de l'arme atomique peuvent, de ce point de vue, être considérés comme des effets de ce que fit Otto Hahn.

Sont-ce là pour autant des effets externes de ce que fit Otto Hahn ? En un sens oui, puisqu'il ne s'agit pas d'effets internes de son action, comme le fut par exemple sa propre renommée à l'issue de la publication de sa découverte[1]. Mais, à un autre point de vue, on est cependant forcé de reconnaître qu'il y a une différence entre l'effet externe de la découverte d'Otto Hahn qu'ont représenté la fabrication et l'usage de la bombe atomique et cet autre effet externe de sa découverte que fut l'accroissement de la renommée du laboratoire de chimie de l'Université de Berlin.

Revenons, pour mieux voir ce point, à notre exemple fictif du mariage de Pierre et d'Annie. La déception de Jean, amoureux malheureux d'Annie, est un effet externe du mariage de Pierre et d'Annie. Mais supposons que, peu après, Jean, plus ou moins consolé, épouse Caroline et en ait un fils, André. La naissance d'André, fils de Jean et de Caroline, constitue aussi, quoique de façon plus tortueuse, un effet externe du mariage de Pierre et d'Annie. Car, supposera-t-on, Jean n'a épousé Caroline que faute d'avoir pu épouser Annie, de sorte qu'André est né parce que Pierre a épousé Annie. Or là encore, intuitivement, on perçoit bien qu'il y a une différence entre la déception de Jean et la naissance d'André qui sont pourtant, l'un et l'autre, des effets dont on peut suivre la trace causale depuis le mariage de Pierre et d'Annie.

---

1. On peut admettre qu'O. Hahn n'était pas un Focaliseur Pervers : il ne travaillait pas en vue d'assurer sa gloire. Mais obtenir la gloire à l'issue d'une découverte importante constitue cependant un effet collatéral interne de la recherche scientifique.

Comment analyser cette différence? Manifestement comme la différence entre un effet collatéral externe *direct* et un effet collatéral externe *indirect*. L'accroissement de la renommée du laboratoire de chimie de l'Université de Berlin est un effet externe direct de l'action d'Otto Hahn, du moins de la réussite de son action. La déception de Jean est également un effet externe direct du mariage de Jean et d'Annie. En revanche, la fabrication et l'usage de la bombe atomique d'un côté, la naissance d'André de l'autre, sont des effets externes indirects des deux actions précédentes. Or qu'est-ce qui rend à chaque fois un effet externe indirect? C'est qu'il ne s'explique pas seulement par l'action initiale *et* par la donnée du milieu dans laquelle elle s'insère, mais qu'il suppose, dans le milieu même où l'action initiale diffuse ses effets externes directs, *d'autres actions*, *d'autres décisions* et éventuellement encore d'autres effets externes de ces actions, de sorte que l'effet final *émerge* de la rencontre entre ces séries indépendantes d'actions et d'effets. Ainsi, entre la publication d'Otto Hahn et la bombe s'intercalent une pluralité d'actions et de décisions indépendantes de celle, initiale, d'Otto Hahn et dont la rencontre conduit à la bombe. De même, entre le mariage de Pierre et d'Annie et la naissance d'André s'intercalent, outre la déception de Jean, la rencontre d'Annie, l'amour de celle-ci pour Jean, etc. La naissance d'André est donc le produit émergent de la rencontre de ces séries indépendantes d'actions. Or, selon une analyse célèbre de Cournot :

> Les évènements amenés par la combinaison ou la rencontre d'autres évènements qui appartiennent à des séries

indépendantes les unes des autres sont ce qu'on nomme des évènements *fortuits* ou des résultats du *hasard* [1].

On peut donc qualifier d'effets externes fortuits ou de suites inopinées d'une action, ces effets qui, plus ou moins éloignés spatialement et temporellement de l'action initiale, ne procèdent causalement et de manière externe de cette action que moyennant l'intervention d'autres agents et l'occurrence d'autres actions, indépendantes de la première, soit que ces actions modifient l'un au moins des effets externes directs de la première action, soit qu'elles y réagissent, soit, comme nous le verrons plus loin en détail, qu'en s'ajoutant à l'action initiale, elles fassent émerger un effet nouveau, procédant de leur accumulation même [2].

Par contraste avec un effet externe direct, une suite inopinée représente donc un degré supplémentaire d'amenuisement de la responsabilité de l'agent. Car, dans un effet externe direct, ou effet externe au sens strict, l'effet résulte de la combinaison des opérations de l'agent avec la complexion du milieu. Mais, dans un effet externe indirect ou fortuit, un facteur causal supplémentaire s'ajoute et un facteur dont la nature limite fortement la capacité de l'agent à en prédire autant l'intervention que les effets. Ce facteur causal, c'est l'initiative pratique des autres, et une initiative qui peut être totalement indépendante de celle de l'agent. Aussi, tandis qu'un agent peut, connaissant la complexion du milieu dans lequel il agit, prédire ou anticiper quels effets externes aura son action, il paraît beaucoup plus difficile d'imaginer qu'un agent

1. A.A. Cournot, *Essai sur les fondements de nos connaissances et sur les caractères de la critique philosophique*, Paris, Vrin, 1975, p. 34.
2. Un exemple type sur lequel nous reviendrons plus loin est un embouteillage.

puisse anticiper les effets externes indirects de ses actions. Dans certains cas, il peut sans doute se représenter que *si* un autre agent fait X, il résultera, du fait que lui-même a fait Y, quelque effet externe combiné Z. Et selon la nature du cas, il peut même estimer la probabilité que cette configuration causale se présente. Mais dans un nombre bien plus grand de cas, l'agent ne peut même pas soupçonner quels effets résulteront au total de son action, de sorte qu'il paraît légitime de qualifier génériquement ces effets externes indirects d'*effets externes fortuits* ou de *suites inopinées*, le hasard étant tantôt l'absolument imprévisible, tantôt ce dont on ne peut qu'estimer la probabilité de survenue.

Quoi qu'il en soit cependant de ces nuances, il est clair que la responsabilité d'un agent dans la production d'un effet externe fortuit est bien moindre que celle qui s'attache à la production d'un effet externe direct, laquelle est à son tour nettement inférieure à celle qui s'attache à la production d'un effet collatéral interne. Si l'on admet dès lors que l'ensemble des notions formelles que nous avons introduites, celles d'événement opératoire, d'effet focal, d'effet collatéral interne, d'effet externe direct et d'effet externe inopiné, permettent d'embrasser complètement et analytiquement la manière dont l'action humaine modifie le monde, le tableau général de l'action humaine qui se dégage de nos analyses peut dès lors être résumé de la manière suivante, qui fait apparaître comment la responsabilité de l'agent se distribue de manière scalaire sur tout ce qui procède causalement de ses opérations :

– Il y a *ce que nous faisons* et qui comprend : 1) nos opérations ; 2) les effets focaux de nos opérations et 3) leurs effets collatéraux internes.

– Il y a ensuite *ce qui est un effet externe direct de ce que nous faisons*, et qui est le produit combiné de nos opérations intentionnelles et de la complexion du milieu dans lequel nous agissons.

– Il y a enfin *ce qui est un effet externe indirect ou une suite inopinée de ce que nous faisons*, et qui résulte de la combinaison causale de ce que nous faisons, du milieu dans lequel nous agissons et de ce que les agents placés dans ce milieu font eux-mêmes de leur côté.

Ce que nous faisons, c'est, au sens strict, notre action. Elle est, dans toute ses composantes, notre œuvre, même si nos opérations sont plus intimement nôtres que nos effets focaux et si ceux-ci sont plus essentiels à notre action que nos effets collatéraux internes, parce que nos effets focaux sont ce que nous *voulons* faire, tandis que nos effets internes sont ce que nous *acceptons* de faire. Nos effets externes sont le produit de la collaboration non recherchée du milieu avec nos actions. Les suites inopinées de nos actions sont le produit de la rencontre non planifiée des effets externes de nos actions avec l'action indépendante des autres.

Cette image de l'action humaine, qui fournit comme un dégradé de l'implication de l'agent dans chacune de ses transformations pratiques du monde, est évidemment très formelle, très abstraite. Elle peut en outre être jugée exagérément normative. Elle ne tient pas compte en effet du fait que ce que nous faisons est souvent très différent de ce que nous voulions ou croyions faire. Nos méprises pratiques, nos erreurs stratégiques, nos renoncements compliquent encore l'analyse de ce que nous faisons effectivement.

Mais ce qui nous importe ici n'est pas ce que nous faisons. C'est ce qui est un effet externe de ce que nous faisons. Or si, croyant voler un bijou, je vole un bonbon, le vol du bonbon n'est pas un effet externe de mon action : c'est mon action même, en tant qu'elle fut un échec. Agir, c'est réussir ou échouer : or nos échecs sont notre œuvre, autant que nos réussites.

L'action humaine, dans son cœur intentionnel, en tant qu'elle réussit ou qu'elle échoue, va donc devenir pour nous maintenant une boîte noire. Et ce que nous allons examiner, c'est ce qui sort de cette boîte, par ses bords, en bien comme un mal pour les autres.

CHAPITRE II

## VARIÉTÉS D'EXTERNALITÉS

Dire qu'un effet externe est le produit causal combiné de notre action et du milieu dans lequel elle s'accomplit ne saurait suffire à nous donner une image précise de la manière dont, en agissant, nous sommes exposés à nuire ou bénéficier aux autres. Car ce mot de « milieu » est vague. Et les cas d'Arsène et de Pierre que nous avons considérés précédemment pour nous guider n'étaient que de petites saynètes fictives, forgées à dessein pour permettre de saisir, sur ces cas simples, les articulations du concept qu'il nous importait de définir. Mais il nous faut maintenant nous préparer à analyser, d'un point de vue moral, les externalités qui se rencontrent dans le monde réel où plus de six milliards d'hommes coexistent, sans parler de tous ceux qui sont morts et de tous ceux qui sont à naître. C'est peu dire que les malheurs de Pierre Boucheron, le joaillier, ou de Jean, l'infortuné amoureux d'Annie, nous seront cette fois de peu d'utilité.

## ESPACE INTERNE ET EMPRISE EXTERNE
### D'UNE ACTION

Comment nous orienter dans ce labyrinthe ? Toute action, via l'événement ou les évènements qui en sont la composante opératoire, peut avoir des myriades d'incidences collatérales, certaines internes, d'autres externes. Si je traverse une pelouse pour rejoindre une personne qui me fait signe, combien de brins d'herbe et de placides petits insectes ne pâtiront-ils pas de ma traversée ? Mais ce qui nous importe au premier chef, nous l'avons dit, ce sont les dommages ou les bénéfices qui affectent les autres hommes. Nous avons proposé de distinguer l'espace interne d'une action et son milieu externe. Dans l'espace interne d'une action peuvent figurer les « choses » sur lesquelles portent mes opérations, mais aussi les personnes qui sont des parties prenantes de l'action que j'accomplis et que j'ai donc placées moi-même dans cet espace en entrant en rapport avec elles, soit qu'elles soient instrumentalement impliquées dans mon action, si je ne suis pas un Focaliseur Pervers, soit qu'elles soient les cibles de mon action ou encore ses bénéficiaires intentionnels. Mais si notre action n'est pas de sauver le monde, si elle ne fait pas entrer la totalité des êtres humains dans son espace interne, il y aura fatalement des hommes qui seront situés en dehors de cet espace, des hommes qui figureront simplement dans le monde alentour. Si je joue au tennis sans arbitre avec quelqu'un, mon partenaire seul figure dans l'espace interne de mon action. Plus de 6 milliards d'hommes sont situés au dehors et figurent dans ce qui, du point de vue de cette action, en est le décor mondain.

Or, comme le suggère cet exemple d'une partie de tennis, il ne suffit évidemment pas qu'une personne soit située en dehors de l'espace interne d'une action pour être située à portée d'effet externe de cette action. Les habitants des antipodes ont peu de chances d'être affectés par cette partie de tennis, si on la suppose jouée en privé par deux joueurs amateurs, inconnus du reste du monde. Outre son espace interne, une action possède donc également ce que nous proposons d'appeler une *emprise externe*. L'emprise externe d'une action est simplement la fraction du monde extérieur qui se trouve, en vertu de la nature de l'action, mais aussi de la complexion du monde, à portée d'effets externes de l'action. Ainsi, une partie de tennis jouée en privé par deux amateurs inconnus n'a pas la même emprise externe qu'une finale de Grand Chelem retransmise à la télévision. Ce concept d'emprise externe précise ce que nous avons jusqu'ici appelé, de façon un peu vague, le *milieu* de l'action. Il y a des actions qui ont le monde ou, au moins, la Terre pour milieu, c'est-à-dire qui ont une emprise externe globale. Mais il y a aussi des tas d'actions qui ont une emprise beaucoup plus petite. On pourrait dire que le milieu d'une action est la fraction du monde découpée par son emprise externe. Toute action, même celle de faire une réussite, possède une emprise externe. Cette emprise externe délimite le milieu de l'action, son *Umwelt*, lequel est donc une fraction du monde, de la *Welt*, et peut contenir aussi bien des « choses » que des personnes. Quand je fais un signe de la main à quelqu'un, l'espace physique alentour fait partie du milieu de mon action et, par exemple, l'ombre de ma main qui se déplace sur le sol en est un effet externe, produit combiné de la rencontre du mouvement de ma main et de la lumière du soleil. Mais les gens qui passent par là et pour lesquels je suis à portée de regard font aussi partie de ce milieu de mon action : qu'un passant s'imagine avoir été appelé par moi et vienne dans ma direction, cela constituera également un effet externe de mon action, en l'occurrence un effet externe indirect ou une suite inopinée.

Or ce qui nous intéresse ici, nous l'avons dit, ce n'est pas tout ce qui tombe sous l'emprise externe d'une action, mais seulement les personnes qui y tombent. Ce qui nous intéresse, c'est donc ce qu'on peut appeler l'*emprise personnelle externe* des actions. Distinguer et ordonner les différentes variétés d'effets externes, ceux du moins qui ont une importance morale, suppose donc d'abord d'essayer de comprendre comment se constitue l'emprise personnelle externe d'une action ou, si l'on préfère, comment des personnes peuvent se retrouver à portée d'effets externes d'une action.

### VOISINS, HÉRITIERS ET OPPORTUNS

Considérons l'épure d'une action quelconque. Une action est un petit drame[1]. Les personnages minimaux de tout petit drame typique de ce genre sont Agent, Chose et Patient, auxquels va s'ajouter, dans notre cas, Tiers[2]. Agent accomplit une opération O dans l'intention I. Nous dirons qu'Agent

---

1. *Cf.* Aristote, *Poétique*, 48 a 27-28 : que l'on décrive une action (*diègèsis*) ou qu'on la présente à la scène (*mimésis*), dans les deux cas on a affaire à des « personnages qui agissent et font le drame. De là vient, selon certains, le nom de "poème dramatique" : de ce que les poètes représentent des personnages qui font le drame », trad. R. Dupont-Roc et J. Lallot, Paris, Seuil, 1990, p. 39.

2. Il peut bien sûr y avoir action sans patient ou sans chose (par exemple une action consistant en une opération autotélique). Le schéma que nous introduisons reste néanmoins typique d'une vaste classe d'actions sociales, par rapport auxquelles les précédentes peuvent être conçues comme de simples cas limites.

$OI_{se}$[1]. Et pour $OI_{ser}$, Agent fait entrer, dans l'espace interne de son action, Chose, qui est une « chose », et Patient, qui est un patient[2]. Chose est la matière de l'opération O. Quant à Patient, il peut être la cible intentionnelle de A ou bien être instrumentalement impliqué par l'action de $OI_{ser}$. Le point essentiel est que les effets sur Patient de l'action de $OI_{ser}$, tout comme ses effets sur Chose, sont des effets *internes* de cette action. La question que nous avons à résoudre est la suivante : d'où vient que Tiers, qui est une tierce personne, puisse se trouver à portée d'effets externes de l'action de $OI_{ser}$ ? Comment Tiers peut-il tomber sous l'emprise externe de l'action de $OI_{ser}$ ?

Il est évident que le fait qu'une personne tombe ou non sous l'emprise externe d'une action dépend de la nature de cette action et, notamment, de la nature de sa composante opératoire. Selon que l'action de $OI_{ser}$ consiste à murmurer des douceurs à l'oreille de Patient ou bien à produire pour lui de la pâte à papier, l'emprise externe de l'action de $OI_{ser}$ et, dès lors, son potentiel de nuisance ou de bienfaisance externes ne seront pas les mêmes. Mais, abstraction faite de ces différences, on peut au moins isoler certains *facteurs d'exposition à l'emprise externe* d'une action. Ces facteurs consistent tout simplement dans des manières, pour une personne, d'être dans le monde, des manières qui l'exposent à tomber sous l'emprise personnelle externe de l'action d'un autre, c'est-à-dire à figurer dans le milieu personnel de cette action.

---

1. Prononcez « o-i-ze ». Nous représentons ainsi la forme d'un verbe d'action intentionnelle quelconque.

2. Le fait qu'une action soit une interaction implique seulement qu'Agent et Patient intervertissent leurs rôles à mesure.

Nous proposons, sous réserve d'éventuels affinements et compléments ultérieurs, de distinguer trois grands facteurs d'exposition de ce type, que nous allons identifier à partir des quatre personnages de notre petit drame :

1) Tiers peut être un *voisin* d'Agent et de son action de $OI_{ser}$, il peut se trouver dans les parages spatiaux d'Agent en train de $OI_{ser}$.

2) Tiers peut également être un *post-utilisateur* de Chose, c'est-à-dire qu'il l'utilise après Agent et indépendamment de lui.

3) Enfin Tiers peut être ce que nous appellerons un *opportun* d'Agent ou de Patient, c'est-à-dire qu'Agent, Patient ou les deux peuvent représenter pour Tiers ou offrir à Tiers des opportunités d'action.

Ce sont là, nous semble-t-il, trois façons différentes de tomber sous l'emprise externe d'une action ou, si l'on préfère, trois façons différentes, pour une action, d'agripper des personnes alentour et de les exposer à ses effets externes. Une action peut agripper des gens par voisinage, parce que, tout simplement, ils se trouvent dans les parages spatiaux de l'action. Une action peut également agripper des gens par le truchement de sa matière, de ce qu'elle modifie ou transforme de manière interne, dès lors que cette « matière » se trouve être ou devenir *commune* à plusieurs utilisateurs successifs. Enfin, une action peut agripper des gens parce qu'elle modifie de manière externe leurs propres opportunités d'action.

Nous verrons un peu plus loin que cette tripartition ne suffit pas à une analyse d'ensemble des variétés d'externalités, qu'une division orthogonale à cette tripartition est nécessaire. Mais nous pouvons déjà tenter de mettre en lumière qu'il y a bien là trois types différents d'externalités, ayant chacun des ramifications multiples.

## EXTERNALITÉS DE VOISINAGE

Considérons d'abord l'emprise par voisinage. C'est sans doute la source la plus manifeste et la plus connue d'effets externes : pourquoi ce que fait une personne dans son coin peut-il avoir des effets sur d'autres ? Parce que cette personne n'est pas seule au monde et parce que l'action de cette personne est d'une nature telle qu'elle produit des effets qui se diffusent dans l'espace. Les hommes se partagent un espace clos : ils ne peuvent s'éloigner les uns des autres à l'infini. Ils sont donc voués au voisinage et d'autant plus qu'ils sont plus nombreux[1].

Cette notion de voisinage est cependant relative. Si je crie, le voisinage de mon cri est déterminé par la portée moyenne de l'ouïe humaine. Mais si je combure des substances volatiles, le voisinage de mon action est déterminé par la portée et la direction des courants atmosphériques. Il ne suffit donc pas, pour expliquer qu'une action puisse exercer une emprise externe par voisinage, de mentionner le fait que les hommes co-existent au sein d'un espace fini. Il faut encore mentionner de quelle manière une action peut atteindre des gens situés à une distance plus ou moins grande du foyer spatial de l'action.

Les deux exemples qui précèdent représentent, de ce point de vue, un premier mode d'emprise externe d'une action sur son voisinage qu'on peut appeler emprise par *effluences*. Une action, par le truchement de l'opération *physique* qui l'inscrit

1. « La nature les a tous enfermés (au moyen de la forme sphérique qu'elle a donnée à leur domicile – *globus terraqueus*) dans des limites déterminées […] ; [aussi sont-ils conduits à] un perpétuel rapport de chacun à tous les autres. » Kant, *Doctrine du droit*, § 62, AK VI, 352, trad. A. Philonenko, Paris, Vrin, 1979, p. 235. Kant parle de commerce réciproque ou d'action réciproque. Mais bien plus nombreux sont les effets externes réciproques.

dans le monde, diffuse dans l'espace alentour des matières ou
des ondes. Odeurs, bruits, fumées, substances chimiques de
toutes sortes, mais aussi bactéries et virus sont, en ce sens, des
effluences. Si toutes les actions humaines étaient des actions
intellectives, elles n'auraient jamais d'effets externes de ce
type. Mais les agents humains se meuvent dans l'espace physique, ils respirent, ils comburent, ils émettent des sons, ils
manient des instruments, ils élèvent et exploitent des animaux,
etc. Dans les cas de ce genre, l'emprise externe de l'action est
déterminée par la portée spatiale de ses effluences, ce qui
explique la caractère relatif de la notion de voisinage.

N'est-il toutefois d'externalités de voisinage que par
effluences? Considérons l'action d'Otto Hahn, que nous
avons mentionnée au chapitre précédent. Il fait une découverte
et la publie. La diffusion de sa découverte peut difficilement
être appelée une effluence. Considérons de même une finale
de Grand Chelem. Agent bat Patient et, aux antipodes, Tiers
est ruiné parce qu'il avait misé tous ses biens sur la victoire
de Patient. Agent n'a évidemment pas ruiné Tiers. Pourtant,
un chemin causal relie la victoire d'Agent ou la défaite de
Patient à la ruine de Tiers. Qu'on considère cette ruine comme
un effet externe direct ou comme une suite inopinée, la défaite
de Patient n'est pas venue à la connaissance de Tiers
par effluence. Considérons encore un troisième cas : Agent
fait chez lui de la gymnastique tout nu. Tiers le voit et se
complait dans cette vision. Sauf à ressusciter l'antique
doctrine des idoles perceptuelles, on ne peut dire que la gymnastique d'Agent produit un effet externe bénéfique sur Tiers
par effluence. Les trois exemples cités ont en revanche un
point commun très net : l'effet externe est un *effet de connaissance*, que cette connaissance soit conceptuelle (Hahn) ou
perceptuelle (Agent tout nu), qu'elle soit directe (les deux

précédents cas) ou testimoniale (défaite de Patient en Grand Chelem). Nous proposons de parler d'effets externes par *publicité*. C'est parce que l'action d'Agent acquiert une certaine publicité, parce qu'elle est perçue ou connue par Tiers qu'elle produit un effet externe sur Tiers. Si O. Hahn avait gardé sa découverte pour lui, si les finales de Grand Chelem se déroulaient à huis clos, sans témoins, si Agent faisait sa gymnastique derrière ses volets clos, aucune de ces actions n'auraient eu d'effets externes, du moins n'auraient eu les effets externes mentionnés.

Toutefois, il y a ici une différence importante à faire : la « publicité » d'une action et les effets de connaissance qu'elle pourra induire peuvent en effet être des effets *internes* aussi bien que des effets *externes*. C'est qu'il est en effet des cas où la publicité est un moment constitutif de l'action et d'autres où la publicité résulte de la disposition des choses. Si je rends publique une découverte, les effets directs de cette publication sont des effets *internes* de mon action : j'ai fait entrer les destinataires de ma publication dans l'espace interne de mon action [1]. Par contraste, si quelqu'un m'observe à mon insu ou si quelqu'un prend une photographie de moi à mon insu et la diffuse, les effets de cette observation ou de cette diffusion sont des effets externes de mon action : en faisant de la gymnastique tout nu chez moi, je n'ai pas fait entrer le voyeur d'en face ou les regardeurs de ma photographie dans l'espace interne de mon action gymnique.

---

1. Toutefois, il n'est pas anodin de noter que ces destinataires sont pour moi sans visage : je destine ma publication à des lecteurs, mais je ne les connais que de manière descriptive : je sais qu'il existe ou existera des x qui seront mes lecteurs, mais je ne les connais pas par accointance.

Ce qui complique toutefois les choses, c'est que, quoique les effets directs de la publication d'une découverte ou d'un livre soient des effets internes de cette publication intentionnelle, il peut y avoir des effets externes indirects ou des suites inopinées d'une publication intentionnelle de ce genre, effets indirects ou suites inopinées qui résulteront de la manière dont certains destinataires décideront d'agir sur la base de la publication. Ainsi celui qui diffuse une idée, qui affiche une image, qui s'exhibe lui-même rend son œuvre publique et c'est là une action qu'il entreprend ou une partie de l'action qu'il conduit. Toutefois, dans le concret des choses, il peut être délicat de séparer un effet interne d'une publication de ce genre et un effet externe indirect de celle-ci. Celui qui publie un livre décrivant des méthodes de suicide est-il l'auteur des suicides que la publication de son livre entraînera ou sont-ce là des effets externes indirects de son action, au motif qu'il y a eu rencontre entre séries causales pratiques indépendantes, son action de publier le livre d'un côté, la décision de ses lecteurs de mettre fin à leurs jours de l'autre ? Le seul effet interne direct d'une publication intentionnelle est-il un effet de connaissance, les actions ou réactions résultant de cette connaissance devant être imputées à la libre décision des agents ainsi informés ?

Quoi qu'il en soit de ces complications, il n'en reste pas moins que, par contraste avec la *publication* intentionnelle d'une action ou de son produit, la simple *publicité* ou *apérité* d'une action ou de son produit ou bien la diffusion testimoniale de sa description relèvent nettement des effets externes. Si quelqu'un me voit, sans que je m'exhibe à lui, si quelqu'un apprend d'un témoin ce que je fais, sans que je n'aie sollicité ce témoin pour assurer la publicité de mon action, les effets de connaissance qui pourront en résulter sont des effets externes de mon action. Je fais une chose et il se trouve que, par la disposition des choses ou la curiosité de certains, mon action vient à la connaissance des autres et cette connaissance produit sur eux des effets bénéfiques ou maléfiques. De tels effets sont clairement des effets externes. Et si Tiers en est affecté, c'est parce qu'il se révèle être à portée, non pas d'effluences, mais de connaissance. Et de même que la portée des effluences d'une action détermine son voisinage, de même la portée de sa publicité. Seuls ceux qui sont à portée de regard de mon action sont mes voisins perceptuels potentiels. Mais tous les inter- nautes sont des voisins de mon action, lorsque c'est une description ou une image de mon action qui sont diffusées sur le réseau par l'un de mes voisins perceptuels.

On peut donc résumer ces idées en disant que les effets externes par voisinage ne résultent pas seulement du fait que les hommes co-habitent au sein d'un espace qui n'est pas extensible à l'infini, mais aussi et en même temps du fait que certaines au moins de leurs actions libèrent des effluences dans l'espace physique ou possèdent une publicité, une apérité qui les rendent perceptibles ou connaissables par quiconque se trouve à portée de publicité. S'il était toujours possible de placer une manière de membrane d'étanchéité physique ou une cape d'invisibilité autour de l'espace interne de nos actions, celles-ci n'affecteraient pas les Voisins. Mais les hommes ne peuvent, ni ne veulent entièrement cacher leur vie. Ce qu'ils font s'entend, se voit, se sent, s'ingère, s'apprend et, par ce biais, ils peuvent devenir des nuisants ou des bienfaisants externes.

## EXTERNALITÉS D'HÉRITAGE

Considérons maintenant un second facteur d'exposition à l'emprise externe d'une action. Pour l'introduire schématiquement, on peut revenir à notre petit drame. Dans le cadre de son action de $Oi_{ser}$, Agent transforme Chose. Supposons que Chose continue d'exister après qu'Agent l'a transformée. Agent peut s'être éloigné de Chose ou bien il peut être mort. Imaginons alors que Chose se retrouve entre les mains de Tiers. Agent n'a pas donné Chose à Tiers. Il n'a pas non plus transformé Chose pour que Tiers la reçoive transformée. Mais Agent a transformé Chose et *il arrive* que Chose se retrouve dans les mains de Tiers. Ce qu'Agent a fait de Chose peut alors se trouver constituer un dommage ou un bénéfice pour Tiers, soit qu'Agent ait souillé, dégradé ou amenuisé Chose, soit, au contraire, qu'il lui ait apporté des propriétés nouvelles et bénéfiques.

Nous avons là le schéma, extrêmement formel, d'une source spécifique d'externalités, des externalités qui sont dues à la post-utilisation de certaines «choses» que l'action modifie. L'agent modifie une chose et cette chose modifiée va se retrouver entre les mains d'un Tiers pour lesquels les modifications de la chose représenteront des dommages ou des bénéfices.

Essayons de bien serrer ce cas jusqu'à le faire déboucher sur des situations concrètes. Chose peut-elle être un bien propre d'Agent, quelque chose qui lui appartient de manière exclusive? Agent met une queue de tigre dans son auto. Un jour, il vend son auto et cette queue de tigre réjouit son acheteur : effet externe? Non, car Agent a d'abord agi pour lui, il a accru la valeur de son bien, puis il a fait commerce de son bien et cette valeur subjective donnée à son auto s'est trouvée en être également une pour l'acheteur. Pour qu'il y ait effet externe, il faut que la valeur donnée ou ôtée à Chose par l'action d'Agent ne fasse pas l'objet d'une transaction avec Tiers. C'est-à-dire qu'il faut non seulement qu'Agent ne modifie pas chose pour nuire ou pour faire du bien à Tiers, mais il faut aussi que Tiers n'ait pas eu à accepter formellement de recevoir Chose et, partant à accepter l'accroissement ou l'amenuisement de valeur imprimés à Chose par Agent. L'acceptation annule l'externalité ou, si l'on préfère, étend l'internalité : même si Tiers n'était pas dans l'espace interne originaire de l'action d'agent, il y entre après coup en acceptant les résultats de l'action d'Agent.

Reste que le fait que Chose soit un bien exclusif d'Agent n'empêche pas qu'elle puisse générer des effets externes en changeant de mains. Car toutes nos choses ne passent pas dans les mains d'autrui par transaction. Chose peut être perdue par Agent, léguée ou donnée par lui ou, simplement, devenir sans maître. Celui qui perd son porte-monnaie fait un heureux. De même celui qui abandonne tous ses biens et fait vœux de pauvreté. Toutefois, le cas le plus patent est celui où Chose n'est pas un bien propre et exclusif d'Agent, mais une chose commune (*res communis*) ou une chose sans maître (*res nullius*). Celui qui souille une aire de pique-nique ou bien qui nettoie le coin de plage sur lequel il va s'installer, celui qui consomme une ressource terrestre ou bien qui remet à la mer les poissons trop petits qu'il a pêchés, celui-là dégrade ou améliore Chose d'une façon qui rejaillira sur Tiers.

Mais s'agit-il bien, dans ce type de cas, d'effets *externes* ? Si je transforme une chose *commune*, est-ce qu'autrui, en tant que co-possesseur et donc co-utilisateur virtuel de la chose n'est pas situé dans l'espace interne de mon action ? De même que si je vole un bien, alors il y a quelqu'un que je vole, de même si je souille ou améliore une chose commune, n'y a-t-il pas, non pas des Tiers, mais des Patients anonymes auxquels j'impose mes souillures ou que je fais bénéficier de mes améliorations? Les co-possesseurs sont-ils situés dans l'espace interne de mon action ou tombent-ils sous son emprise personnelle externe?

Il y a ici, nous semble-t-il, une distinction importante à faire. Il est vrai, comme nous le verrons un peu plus loin, que la prise de conscience du caractère commun d'une chose facilite *l'intériorisation morale* des effets résultant de l'utilisation de cette chose. Mais si l'on fait, pour l'instant, abstraction de l'évaluation morale de la situation, il y a une évidente différence, du point de vue du statut des effets produits par l'utilisation d'une chose, entre les cas où une chose est commune parce qu'elle est la co-propriété positive de plusieurs et le cas où elle est commune au sens où elle n'est, positivement, à personne en particulier. Soit une plage. Une plage peut être entièrement privée. Mais elle peut aussi être un «bien de club», accessible à tous les membres du club, mais interdite aux autres. Enfin une plage peut être publique au sens où quiconque passant par là peut y accéder. Or il est manifeste que la différence entre le cas où un bien appartient en commun à un club de gens et le cas où un bien est commun au sens où n'importe qui peut y accéder a un impact sur la circonscription de l'espace interne de son utilisation. Quand j'utilise un bien de club, il est difficile de ne pas considérer que les membres du club font partie de l'espace interne de mon action, car c'est leur existence qui fait que le bien que j'utilise est un bien de club. En revanche, quand j'utilise un bien qui est ouvert à tous, je peux sans doute décider, d'un point de vue moral, de faire entrer toute l'humanité dans l'espace interne de mon action. Mais si on fait abstraction d'une telle décision, il semble nécessaire de reconnaître que l'espace interne de mon action ne comporte pas, de soi, toute l'humanité. Je souille une plage. Si cette plage est le bien d'un club dont je suis membre, je souille le bien du club et j'impose donc mes déchets *de manière interne* aux membres de mon club. Mais si je souille une plage sur une île déserte, y a-t-il un sens à dire que j'ai imposé mes déchets à l'humanité ?

Nous n'affirmons pas, bien sûr, que cette dernière conduite est moralement licite : mais nous ne sommes pas, pour l'instant, à dégager les principes d'une éthique des effets externes. Nous nous intéressons seulement à ce qui, du point de vue de la *simple analyse de l'action*, doit ou non être compté comme effet externe. Or il nous paraît difficile de contester qu'il y a, du point de vue de l'analyse de l'action, une différence entre l'utilisation d'un bien collectif ou d'un bien de club et l'utilisation d'un bien ouvert à tous, d'un bien en libre accès. De même que si je vole un bijou, il y a, de manière interne, quelqu'un que je vole ; de même, si je souille un bien collectif, il y a, de manière interne, un collectif à qui j'impose mes souillures. En revanche, quand je souille un bien qui n'est à personne, un bien qui est ouvert à quiconque, il n'y a pas un « quiconque » à qui j'impose mes souillures. Je laisse mes souillures et il se trouve que quelqu'un devra se charger de les nettoyer. Mais, aussi bien, personne peut-être n'aura à le faire, s'il s'avère que personne ne mette jamais ses pieds où j'ai mis les miens. De même que si je crie, il peut se faire que personne ne m'entende et que personne donc ne soit blessé par mon cri, de même, si je souille un bien ouvert, il peut se faire que jamais ma souillure ne vexe personne.

Parce que la présence d'autrui n'est donc pas incluse de manière interne dans la chose sans maître que j'utilise, l'effet de mon action sur l'autre, dès lors que celui-ci se trouvera, de manière indépendante, user à son tour de la chose, peut être considéré comme un effet externe de mon action. Plus généralement, il y aura effet externe sur autrui par l'entremise des choses chaque fois que j'aurai laissé ma trace dans une chose qui, sans transaction et en dehors de tout règlement institué de co-utilisation, finira dans les mains d'autrui. On tombe donc sous l'emprise personnelle externe de l'action d'autrui lorsqu'on accède, de manière indépendante, à une chose sans maître qu'autrui a utilisée et modifiée avant nous.

EXTERNALITÉS D'OPPORTUNITÉ

Nos voisins et nos successeurs dans l'usage des choses sont-ils les seules personnes à pouvoir tomber sous l'emprise personnelle externe de nos actions? Il y a un point commun entre ces deux façons de tomber sous l'emprise personnelle externe d'une action ou d'être exposé à y tomber: c'est qu'à chaque fois la racine métaphysique de cette exposition tient au fait que les hommes co-habitent dans un espace clos ou se succèdent dans un temps rapproché. Autrement dit, la racine métaphysique de cette exposition, c'est la co-habitation spatio-temporelle des hommes. Or il n'est pas vrai que les hommes se contentent de vivre et d'agir les uns *à côté* des autres ou les uns *après* les autres. Ils vivent et agissent aussi les uns *par* les autres, c'est-à-dire que, par leurs vies et leurs actions, ils sont socialement imbriqués les uns dans les autres. Pour faire une chose, il arrive le plus souvent que chacun ait besoin que d'autres en fassent d'autres ou en aient fait d'autres. Si je peux sortir sous la pluie sans me mouiller, c'est parce que des gens, inconnus de moi, ont consacré des heures de leur vie à la fabrication de l'imperméable que je porte. Mais, aussi bien, c'est parce qu'il m'arrive de souhaiter sortir sous la pluie sans me mouiller que ces gens ont trouvé occasion de gagner leur vie en fabricant mon imperméable.

Cette situation d'interdépendance pratique des hommes est un *fait*, au même titre que l'existence d'autres hommes dans l'espace alentour ou dans le temps après moi. Ce sont là des données du monde, qui transcendent mon action. Mais cette situation d'interdépendance peut être décrite de deux façons dont l'une, nous semble-t-il, permet de comprendre comment la vie sociale peut être source d'externalités positives ou négatives d'une nature très particulière.

A un premier niveau, on peut en effet décrire l'interdépendance sociale des hommes comme une forme de *coopération* ou de *collaboration*. Pour sortir sous la pluie sans me mouiller, j'ai besoin de la coopération ou de la collaboration du fabricant d'imperméables. Mais, aussi bien, ce dernier a besoin de la coopération de gens comme moi, qui désirent sortir sous la pluie sans se mouiller, pour pouvoir fabriquer des imperméables et gagner sa vie comme ça. Si l'on fait abstraction des éventuels problèmes de justice commutative, on peut dire que le consommateur d'imperméables et le fabricant d'imperméables se rendent mutuellement service, ils coopèrent socialement, l'un par sa demande, l'autre par son offre, l'un par sa consommation, l'autre par sa production.

Seulement, cette interdépendance sociale peut aussi être décrite d'une autre façon : non pas en termes de collaboration ou de coopération, mais en termes d'opportunisme et de co-opportunisme. Il est en effet sans doute vrai de dire que le fabricant d'imperméables et le consommateur d'imperméables se rendent mutuellement service ou coopèrent. Mais il est aussi vrai de dire qu'ils tirent chacun *opportunité* de la présence de l'autre et de ce que cette présence renferme de

désirs, de capacités, de talents, etc. Sans vouloir chercher ici
une priorité, on peut admettre que le désir de l'un de sortir sous
la pluie fournit à l'autre l'opportunité de fabriquer des imperméables et, à l'inverse, que le fait qu'il se trouve quelqu'un
ayant le talent d'un fabricant d'imperméables donne à l'autre
l'opportunité de pouvoir sortir sous la pluie sans se mouiller.
Cette co-opportunité *s'actualise* dans la coopération, mais elle
ne lui est pas entièrement réductible. Il suffit, pour le voir, de
se représenter l'effet que produirait le départ de chacun ou
son changement de désir ou d'activité. Si je me convertissais
brutalement à une forme raffinée d'ascétisme m'obligeant à
toujours sortir sous la pluie sans imperméable, j'ôterais au
fabricant d'imperméables l'opportunité d'en fabriquer [1]. Mais,
aussi bien, si le fabricant d'imperméables, qu'on supposera le
seul au monde à pouvoir faire cela, cessait de trouver intérêt à
en fabriquer, si lui aussi se convertissait à une vie de contem-
plation et de prières, il m'ôterait l'opportunité de pouvoir sortir
sous la pluie sans me mouiller.

Cela veut dire que les hommes sont, les uns pour les autres,
des collaborateurs ou des coopérateurs effectifs, mais aussi, et
avant cela, ils sont les uns pour les autres des *opportunités
d'action* ou des *réservoirs de fins potentielles*. Si je rencontre
un homme dans l'état de nature, cet homme pourra devenir un
collaborateur, qui pourra me permettre d'obtenir, par son
action, ce que je n'aurais pas pu faire seul. Mais sa rencontre
m'offre d'abord l'opportunité de pouvoir désirer une chose,
viser une chose, faire une chose que je n'aurais pu désirer, viser
ou faire sans sa rencontre.

---

1. Nous devons pour l'instant faire abstraction d'un phénomène sur lequel
nous allons revenir systématiquement plus bas, à savoir le fait que beaucoup
d'effets externes requièrent une *accumulation* d'actions individuelles.

Cette double dimension de l'interdépendance sociale, la dimension de la collaboration et celle de la co-opportunité, est souvent masquée lorsqu'on décrit une société comme une vaste coopérative de production et de consommation. Cette description donne le sentiment que la société ne repose que sur la collaboration des agents, les fins que ces agents poursuivent étant déjà fixées. Mais à moins qu'on ne fasse la description d'une société entièrement administrée et planifiée d'en haut, il appartient autant à la société de fixer les fins que de les atteindre. Or fixer ces fins, dans une société libre, c'est, le plus souvent, une affaire d'opportunisme. Selon l'indépassable analyse de Mandeville [1], les cambrioleurs sont une opportunité pour les fabricants de coffres-forts mais, aussi bien, l'amateur de miel en est une pour l'apiculteur ou l'inventeur du béton armé pour l'architecte de la tour Burj Khalifa de Dubaï.

Or, comme ces quelques exemples le suggèrent, *il peut se faire que la relation d'opportunité ne soit pas recouverte par une relation de collaboration*. Introduisons, pour faciliter l'analyse, un verbe « opportuner » que l'on emploiera de la manière suivante : on dira que A opportune B si A tire opportunité de B ou si B est une opportunité pour A. Soit l'apiculteur et l'amateur de miel : ils s'opportunent l'un l'autre et, pour cette raison, leur co-opportunisme prend la forme d'une coopération ou d'une collaboration. Mais soit maintenant les fabricants de coffres-forts et les cambrioleurs. Les premiers opportunent les seconds, mais l'inverse n'est pas vrai. Pour cette raison, on ne peut pas dire que les fabricants de coffres-forts collaborent avec les cambrioleurs. Et il en va de même de l'architecte de Burj Dubaï vis-à-vis de l'inventeur, aujourd'hui

1. Bernard de Mandeville, *La fable des abeilles* [1714], trad. Lucien et Paulette Carrive, Paris, Vrin, 1990.

décédé, du béton armé. La relation est d'occasion ou d'opportunité sans être de coopération.

Or cette situation qui voit un agent A opportuner un agent B, sans que B n'opportune également A, est très générale. Une entreprise peut développer de la haute technologie dans une région parce que les gens dans les parages se trouvent avoir reçu une haute formation technologique. Cette entreprise opportune les formateurs, mais ne collabore nullement avec eux. Un chiffonnier du Caire peut ramasser, trier et revendre les déchets déposés par les habitants de la ville dans une décharge. Le chiffonnier opportune les habitants, mais ne collabore pas avec eux.

Or il est aisé de voir, lorsqu'on a cette structure en tête, comment une classe spécifique d'effets externes peut découler de cette dimension essentielle de l'interdépendance sociale qu'est l'opportunisme unilatéral, ce qu'on peut appeler, sans y inclure de nuance appréciative, *l'exploitation opportuniste*. Agent peut produire des effets externes sur Tiers par le fait qu'Agent peut avoir été ou devenir une opportunité pour Tiers. Agent peut, par son action propre, éventuellement par son action coopérative avec d'autres, fournir à Tiers une opportunité nouvelle ou, à l'inverse, lui en ôter une. Or il est évident que la relation d'opportunité, dans le cas d'une exploitation opportuniste, est une relation purement *externe*. Tiers peut opportuner Agent sans même qu'Agent le sache ou s'en rende compte. Il se peut qu'Agent, chaque matin, libère sa place de parking à 8h, qui est justement l'heure où Tiers arrive pour en chercher une. Tiers opportune Agent. Si Agent change de métier ou change de moyen de transport, il retire à Tiers une opportunité. Or c'est là, à n'en pas douter, un pur effet externe de la nouvelle conduite d'Agent.

Parce que notre vie et nos activités offrent à d'autres des opportunités de se livrer à diverses autres activités, indépendantes des nôtres, nous sommes donc, à tout instant, des générateurs ou des destructeurs d'opportunités. Et dès lors qu'obtenir une opportunité nouvelle ou, à l'inverse, en perdre une, sont des biens et des maux, nous sommes donc également à tout instant, en raison de cette dimension oblique de l'interdépendance sociale, des générateurs de bénéfices ou de dommages externes. Parce que l'homme est en permanence, dans la Grande Société, un exploiteur opportuniste de l'autre homme, il est en permanence placé sous l'emprise personnelle externe de l'action de ceux qu'il opportune : si tous les cambrioleurs s'engageaient dans un ordre monastique, les fabricants de coffres-forts, par un pur effet externe de désopportunité, deviendraient chômeurs.

A ce point toutefois, on fera peut-être une objection : pourquoi traiter différemment l'exploitation opportuniste et le co-opportunisme coopératif ? Pourquoi réserver les effets externes aux seuls cas d'exploitation opportuniste ? Supposons qu'après avoir longtemps pratiqué les coiffeurs, je décide un beau matin de ne plus jamais me couper les cheveux. J'étais une opportunité pour mon coiffeur : il la perd en conséquence de mes nouvelles mœurs capillaires. La baisse de revenu que je lui occasionne est-elle un effet interne ou un effet externe de ma conduite ?

Nous supposerons, comme d'habitude, que je ne suis pas un Focaliseur Pervers. Je ne cherche pas à nuire à mon coiffeur, juste à me conformer à une obligation mystique nouvellement ressentie. En me convertissant à l'infini capillaire, je nuis collatéralement à mon coiffeur. Mais est-ce une nuisance collatérale interne ou externe ?

Il est très important, pour répondre à cette question, de la distinguer nettement d'une autre. Cette autre question est juridique : ai-je le droit d'agir ainsi ? Et la réponse est certainement que j'ai le droit, que je n'appartiens pas à mon coiffeur ni, surtout, n'ai signé avec lui un contrat. Nos rapports sont de marché, donc sans cesse renégociés, et nullement de contrat. Mais la question que nous posons, question qui peut évidemment déboucher sur une interrogation morale ou juridique, est d'une autre nature : elle est purement descriptive ou relève de la théorie de l'action. Elle revient à se demander si la baisse de revenu du coiffeur est quelque chose que je fais, ou quelque chose qui est un effet de ce que je fais.

Or il nous semble que les effets collatéraux de nos actions sur nos collaborateurs doivent être considérés comme des effets internes. Si A opportune B, on peut en effet admettre que B est situé dans l'espace interne de l'action de A : les producteurs de déchets sont situés dans l'espace interne de l'action du chiffonnier du Caire : il récupère intentionnellement ce que les producteurs de déchets abandonnent dans la décharge. Mais, en revanche, dans une situation d'exploitation opportuniste de ce type, A n'est pas lui-même situé dans l'espace interne des actions de B. Si les habitants du Caire ne produisent plus de déchets, le chiffonnier du Caire perdra son gagne-pain, mais cette perte sera un effet externe du changement de pratique des habitants du Caire.

Mais, dès que l'opportunisme devient réciproque, dès qu'il se mue en collaboration, l'asymétrie précédente disparaît. Parce que A opportune B, B est placé dans l'espace interne de l'action de A. Mais parce que B opportune également A, A est placé dans l'espace interne de son action. Quand l'opportunisme devient réciproque, quand il s'actualise en coopération, en collaboration, en échange, chacun des opportuns se trouve situé dans l'espace interne de l'action de l'autre. La réciprocité internalise donc les effets des actions des opportuns, parce qu'elle fait entrer chaque opportun dans l'espace interne de l'action de l'autre. L'entre-opportunisme devient une *interaction*.

Ce qui complique toutefois l'analyse et empêche de voir que les effets que nous produisons sur nos coopérateurs sont des choses que nous leur faisons, plutôt que des effets de ce que nous faisons, c'est que souvent, dans la Grande Société, notre co-opportun est *sans visage*. Nous connaissons notre coiffeur, mais pas celui ou ceux qui ont fabriqué notre imperméable. Or l'absence de visage n'est nullement constitutive de l'externalité. Le caractère fortement médiatisé des relations économiques n'entraîne nullement que les effets qui ne sont pas produits lors d'un échange de face à face sont des effets externes. Le fait que l'on connaisse le visage de son coiffeur, mais pas celui du fabricant de notre imperméable ne change pas la nature des effets que nous pouvons produire sur eux si nous cessons d'aller chez le coiffeur ou si nous cessons de vouloir nous protéger de la pluie. En revanche, l'écran que la Grande Société place entre Agent et Patient peut leurrer Agent sur l'identité de Patient ou bien lui faire mal apprécier l'effet collatéral interne de son action sur Patient. D'un côté, Patient peut, à mon insu, être un enfant condamné au travail forcé. De l'autre, Patient peut être précipité dans la misère par mon caprice économique, sans que je m'en rende compte. Mais, dans les deux cas, il est impossible de soutenir que contribuer à l'asservissement d'enfants par ses achats peu regardant ou contribuer à la misère d'un agent économique par ses changements subits de préférences sont des effets externes de notre conduite. Ce sont des effets internes, même si, comme nous allons y revenir, ces effets doivent leur efficience à leur caractère cumulatif.

Il est toutefois une situation intermédiaire au sujet de laquelle la décision est moins commode. Les activités économiques sont profondément imbriquées les unes dans les autres. Quand je renonce à aller chez mon coiffeur, je le lèse directement, même si, insistons-y encore, ce dommage n'est pas nécessairement un préjudice. Mais je lèse aussi, si l'on veut bien faire à nouveau abstraction des phénomènes de cumulation, la compagnie d'électricité qui vendra un peu moins de courant au coiffeur, le fabricant de ciseaux, qui verra ceux-ci renouvelés au bout d'un temps un peu plus long, etc. Ces effets restent-ils des effets internes de mon action ? Ils ne sont pas, on peut l'admettre, des suites inopinées de mon action, parce qu'ils sont nécessairement impliqués par mon action, compte tenu de la nature de l'activité productive que je modifie directement. Mais qu'est-ce qui empêche, toutefois, de les considérer comme des effets externes ?

Le traitement de ce problème peut, croyons-nous, être facilité par un petit détour formel. Notons $O(a, b)$ la relation « a opportune b », $E(a, b)$ la relation « a est un exploiteur opportuniste de b » et $C(a, b)$ la relation « a est un collaborateur de b ».

Ce que nous avons établi jusqu'ici, ce sont les deux définitions suivantes :

1. $O(a, b) \wedge \neg O(b, a) \Leftrightarrow E(a, b)$ [*i.e.* a est un exploiteur opportuniste de b si a est un opportun de b sans que b ne soit un opportun de a].

2. $O(a, b) \wedge O(b, a) \Leftrightarrow C(a, b)$ [*i.e.* a est un collaborateur de b, si a et b s'entre-opportunent]

Ce que nous venons de soutenir, c'est que, lorsque $E(a, b)$, le comportement de b agit de manière externe sur a s'il conduit à faire disparaître la relation E. En revanche, lorsque C (a, b), le comportement de b (au même titre que le comportement de a) agit de manière interne sur a s'il a pour effet de faire disparaître la relation C.

Le problème que nous posons présentement est le suivant : dans le cas où C (a, b) et C (b, c), est-ce que C (a, c) ? Autrement dit, la relation C est-elle transitive ?

Il nous semble que la réponse est négative parce que la relation O, qui sert à définir la relation C, n'est pas transitive. C'est-à-dire qu'il n'est pas vrai ou pas nécessairement vrai que si O (a, b) et O (b, c), alors O (a, c).

Considérons d'abord un cas où O n'est pas symétrique. Les commerçants d'un village de la Creuse tirent opportunité de l'installation d'une firme américaine dans leur région. La firme américaine tire opportunité du bas niveau des salaires dans la région. Est-ce que les commerçants du village tirent opportunité du bas niveau des salaires dans la région ? Évidemment, non. L'exploitation opportuniste des uns permet l'exploitation opportuniste des autres, mais les deux relations d'exploitation opportuniste sont irréductibles à une seule relation d'exploitation opportuniste du troisième terme par le premier.

Considérons maintenant un cas où O est symétrique. Le chevelu collabore avec le coiffeur et le coiffeur collabore avec le fabricant de ciseaux. Est-ce que le chevelu collabore avec le fabricant de ciseaux ? La réponse est pareillement négative pour la bonne et simple raison que le fabricant de ciseaux serait bien en peine de couper (correctement) les cheveux du chevelu. Il est vrai que le chevelu ne pourrait tirer opportunité du coiffeur si celui-ci ne pouvait tirer opportunité du fabricant de ciseaux. Mais cela ne veut pas dire que le chevelu tire opportunité du fabricant de ciseaux. Ce qui est vrai en revanche, et ceci constitue une particularité remarquable des relations d'opportunisme social, c'est qu'un grand nombre de relations d'opportunisme sont, non pas transitives, mais conditionnelles ou sédimentées : c'est-à-dire que O (a, b) seulement si O (b, c), ce qui signifie, dans le cas où O est à chaque fois symétrique, que C (a, b) seulement si C (b, c). Mais cela n'entraîne pas que O (a, c) ou que C (a, c), de sorte que l'effet de l'action de a sur c ou de c sur a est externe.

La conséquence de ceci, du strict point de vue de l'analyse de l'action, est que nous devons distinguer, d'un côté, nos co-opportuns, c'est-à-dire nos collaborateurs ou coopérateurs et, d'un autre côté, aussi bien nos opportuns que les opportuns de nos co-opportuns. Dans le premier cas, lorsque, par notre conduite, toute légale soit-elle, nous nuisons à autrui en lui retirant l'opportunité que nous étions pour lui, nous sommes les auteurs de cette nuisance, elle est quelque chose que nous faisons. Dans le second cas au contraire, l'effet de notre retrait ou de notre changement de pratique sur nos propres opportuns autant que sur les opportuns de nos co-opportuns sont des effets externes. Cela veut dire, pour prendre un exemple typique, que lorsqu'une firme délocalise ses activités, elle agit de manière interne sur ses employés qu'elle licencie, mais de manière externe sur les commerçants et sous-traitants de la région. Ou encore, lorsqu'un investisseur achète une grande quantité d'un certain titre, il agit de manière interne vis-à-vis de ceux auxquels il achètent ces titres, mais de manière externe sur les autres possesseurs de titres semblables, dont la valeur augmente par effet externe.

On voit donc par là, pour conclure sur ce point, que c'est moins l'imbrication coopérative des hommes que leur imbrication opportuniste qui est une source d'effets externes, positifs ou négatifs. C'est parce que, dans la Grande société, chaque homme est à tout instant opportuné par des dizaines d'autres, que nos actions, nos décisions, nos conduites peuvent générer des *effets externes d'opportunité* sur les autres, soit que nous leur ouvrions des opportunités nouvelles, soit que nous leur en fermions. Et de la même manière que nous ne sommes pour rien dans le fait qu'il y ait d'autres gens dans notre voisinage ou qu'il y ait des gens qui passeront après nous, nous ne sommes pour rien dans le fait que nous soyons, pour des tas d'autres gens, en raison de ce que nous sommes, en raison de ce que nous préférons ou en raison de ce que nous faisons, des opportunités vivantes qu'ils exploitent sans nous demander notre avis.

## EXTERNALITÉS D'AGGLOMÉRATION

Les analyses qui précèdent suffisent-elles? Si on les résume, elles reviennent à affirmer que c'est parce que les autres hommes peuvent être nos Voisins, nos Héritiers ou nos Opportuns qu'ils peuvent tomber sous l'emprise personnelle externe de nos actions. Les Voisins sont exposés aux effluences ou à la publicité de nos actions. Les Héritiers sont exposés à prendre les choses comme nous les avons laissées. Les Opportuns sont exposés à obtenir ou à perdre des opportunités en raison de ce que nous faisons. Sauf dès lors à n'être le voisin, l'héritier ou l'opportun de personne, nous sommes à tout instant exposés à subir ou à bénéficier des actions les plus diverses des autres.

Mais a-t-on entièrement rendu compte de la possibilité des effets externes personnels en identifiant ces trois modes d'exposition à l'emprise externe des actions des autres que sont le voisinage, l'héritage et l'opportunisme? La réponse est négative, ce que l'on percevra immédiatement si l'on songe à

ces nuisances externes typiques que sont la pollution atmosphérique ou un embouteillage. Le point essentiel dans les
nuisances externes de ce type est que l'action d'un seul agent
ne suffit pas à les produire. Si je suis le seul sur la Terre à
comburer un pneu, et ce une seule fois dans toute l'histoire de
l'univers, il n'y aura pas même une pollution infinitésimale : il
n'y en aura pas du tout, car le *seuil* qui définit la pollution
de l'atmosphère en un point ne sera pas atteint. De même, si je
suis seul à faire le tour de la place de l'Étoile, il n'y aura pas un
léger encombrement : il n'y en aura aucun.

Cette situation est évidemment fondamentale du point de
l'analyse morale de l'action, c'est-à-dire de l'implication de
l'agent dans ce qu'il fait ou dans ce qui résulte de ce qu'il fait.
Car, formellement, nous sommes dans la situation suivante. Si
un seul agent $Oi_{se}$, alors *aucun effet externe* du type pertinent
n'est produit. En revanche, si un nombre suffisant d'agents
$Oi_{sent}$, *simultanément et sans concertation*, alors l'effet se
trouve produit.

Reste que cette description formelle des choses n'est qu'à
moitié exacte. Car il y a manifestement deux cas différents,
que nous appellerons le cas des *externalités de cumulation* et le
cas des *externalités d'émergence*, ces deux espèces tombant
sous le genre commun des *externalités d'agglomération*.

1) *Externalités de cumulation*. Le prototype en est donné
par la pollution atmosphérique. L'action individuelle ne
produit pas d'effet externe dommageable (ou bénéfique).
Mais elle produit néanmoins, de par sa nature, un effet externe
qui ne devient dommageable (ou bénéfique) qu'à partir d'un
certain *seuil* qui requiert, pour être atteint, que plusieurs agents
se livrent à la même action. L'action individuelle produit
donc un effet externe, mais elle ne produit pas le caractère
dommageable ou bénéfique de l'effet. Si l'on préfère, l'agent

est responsable[1] de l'effet, mais pas du dommage. Si l'agent était seul à agir comme il le fait, il y aurait effet, mais pas dommage. Il y aurait un effet externe *indifférent* ou *neutre*, c'est-à-dire ne constituant ni un dommage, ni un bénéfice.

2) *Externalités d'émergence*. Ce schéma formel de l'effet qui est neutre à l'état individuel et devient dommageable ou bénéfique à partir d'un seuil, donc par cumulation, ne constitue toutefois qu'une des deux espèces d'externalités d'agglomération. Considérons en effet notre autre exemple typique, celui d'un embouteillage. Y a–t-il un sens à dire que l'automobiliste seul sur la place de l'Étoile produit un embouteillage infinitésimal ou un effet, quel qu'il soit, qui est en deçà du seuil de nuisance ? La réponse est évidemment non : il n'y a aucun effet externe. Et pas non plus, sans doute, s'il y a deux automobilistes, même se suivant. Ce qu'il faut dire bien plutôt c'est que l'action à laquelle se livrent les automobilistes, s'engager sur la place de l'Étoile, fait *naître* ou *émerger* un effet externe, en l'occurrence un embouteillage, lorsqu'ils sont suffisamment nombreux à s'y livrer. Autrement dit, le schéma formel est le suivant. Lorsqu'un agent $OI_{se}$, son action ne produit aucun effet externe du type considéré. En revanche lorsqu'un nombre suffisant d'agents $OI_{sent}$ en même temps, il émerge, de l'accumulation de leurs actions, un effet externe dommageable ou bénéfique. On ne peut donc plus dire, dans ce cas, que l'agent est responsable de l'effet, mais pas du dommage. *L'agent ne produit pas l'effet : c'est l'agglomération des agents qui le produit*. Or l'agglomération des agents n'est pas elle-même un agent. Une externalité d'émergence est donc un effet, non pas sans cause, mais sans auteur.

---

1. De la manière particulière dont on est responsable de ses effets externes.

Ces phénomènes d'agglomération, sans parler pour l'instant des problèmes de responsabilité morale, compliquent donc le tableau d'ensemble des externalités à incidence personnelle, qu'elles soient bénéfiques ou nuisibles. D'un coté, on peut admettre que les externalités de cumulation se nourrissent des trois grandes catégories d'effets externes individuels ou simples que nous avons précédemment décrits. Les effluences d'une action, la transformation d'une chose commune, les effets d'opportunité ou de désopportunité impliqués par une conduite peuvent, à l'état individuel, exister sans nuire ou bénéficier, c'est-à-dire exister à l'état neutre et ne devenir bénéfiques ou nuisibles que par un processus de cumulation. Mais les externalités d'émergence sont manifestement un quatrième type d'externalités, puisqu'elles ne procèdent pas de l'accumulation d'effets externes simples ou individuels de l'une des trois catégories précédentes, mais sont constituées par un effet émergeant *ex nihilo* de l'agglomération d'actions individuelles sans effets externes ou, du moins, sans effets externes du type considéré.

Nous avons donc, si l'on se base sur cette analyse, *quatre* types d'effets externes, dont les trois premiers peuvent être bénéfiques ou maléfiques soit à l'état simple, soit seulement par un processus de cumulation :

1) Externalités de voisinage.
2) Externalités d'héritage.
3) Externalités d'opportunité.
4) Externalités d'émergence.

Le tableau suivant donne des exemples typiques de chacune de ces quatre variétés d'externalités, certaines négatives (−), d'autres positives (+) :

| Externalités de voisinage | (−) Troubles du voisinage ; contaminations virales ; pollution atmosphérique ; afflux de réfugiés, pression migratoire … |
| | (+) Belles choses publiques ; idées vraies non scellées … |
| Externalités d'héritage | (−) Déchets ; consommation de ressources non renouvelables … |
| | (+) Actifs intellectuels, industriels ; infrastructures ; améliorations de la nature … |
| Externalités d'opportunité | (−) Fuite des cerveaux ; exil fiscal ; délocalisations ; changement des goûts ; faillites ; prises de risques systémiques … |
| | (+) Installation d'une entreprise ; financement privé d'un bien public ; besoins, désirs humains ; modes (externalités de réseau) … |
| Externalités d'émergence | (−) Embouteillages ; pression démographique ; paniques, peurs collectives … |
| | (+) Mœurs ; normes sociales … |

Si l'on songe toutefois que l'analyse à laquelle nous nous livrons doit préparer l'élaboration d'une éthique des externalités, une classification plus pertinente pourrait être la tripartition suivante :

1) Externalités simples
2) Externalités de cumulation
3) Externalités émergentes.

Cette tripartition correspond en effet à *trois degrés inégaux d'implication d'un agent individuel dans la production d'un effet externe*. Dans le cas des externalités simples, l'agent est seul impliqué dans la production de l'effet externe positif ou négatif. Il en le seul responsable, même si c'est à la manière particulière dont on est responsable de ses effets externes. Dans le cas des externalités cumulées, l'agent n'est responsable que d'un effet situé en deçà du seuil de nuisance ou de bienfaisance. Il n'est donc au mieux qu'un co-responsable de l'effet externe bénéfique ou maléfique, quoiqu'il soit seul responsable d'un effet externe neutre, parce que situé en deçà du seuil de nuisance et de bienfaisance, en deçà par conséquent de l'éthique. Enfin, dans le cas des externalités émergentes, l'agent ne fait rien du tout, plus exactement il se borne à servir de renfort à la production de l'effet. C'est le fait que son action se cumule avec celles des autres qui fait émerger un effet qui peut être tantôt négatif (congestion, embouteillage), tantôt positif (culture, valeurs sociales).

Ces deux classifications des effets externes selon, d'un côté, le mode de causation des effets externes ou le mode de constitution de l'emprise externe des actions et, de l'autre, selon le degré d'implication de l'agent dans la production de l'effet externe, se rejoignent toutefois pour accorder un statut très particulier aux externalités d'émergence. Elles ont en effet cette caractéristique singulière d'affecter, positivement ou négativement, l'ensemble de ceux qui, par leurs actions indi-viduelles, contribuent à les causer. Un embouteillage nuit à ceux qui, par leur présence, contribuent à le causer. Une forme de vie sociale, une pratique ou une norme collectives bénéfi-cient à ceux qui contribuent à la causer et à la renforcer. Tandis que les externalités de voisinage, d'héritage ou d'opportunité, qu'elles soient simples ou cumulées, sont des bienfaits ou des méfaits que l'homme accorde ou inflige à l'*autre* homme, les externalités d'émergence sont des bienfaits ou des méfaits que les hommes s'accordent ou s'infligent *à eux-mêmes* en raison de leur simple agglomération. Or n'est-ce pas un principe sain de toute éthique que nul ne peut s'infliger de tort à lui-même (*volenti non fit injuria*) et un principe tout aussi sain que nul n'a à faire montre de gratitude à l'égard du bien qu'il se fait à lui-même ? Un embouteillage pose-t-il un problème éthique ? Ou une bonne institution ?

Nous nous garderons cependant, à ce point, de rejeter trop rapidement les externalités d'émergence en dehors du champ d'une éthique des externalités. Mais nous pouvons d'ores et déjà poser que, compte tenu du mode spécifique de causation des externalités d'émergence, ces dernières ne pourront être situées au foyer d'une éthique des externalités, dès lors que c'est d'abord au bien ou au mal que l'homme fait à l'*autre* homme que l'éthique doit accorder toute son attention.

## CHAPITRE III

## ÉTHIQUE DES MÉFAITS EXTERNES

Le moment est venu de nous pencher maintenant sur l'aspect éthique des choses, en commençant par ce qu'on peut appeler *l'éthique des méfaits externes*. Sans doute, comme nous le verrons dans un prochain chapitre, le fait que l'homme soit pour l'autre homme un bienfaisant externe appelle aussi une analyse éthique. Mais l'éthique des bienfaits n'a clairement pas la même urgence que l'éthique des méfaits. Si la seule chose que l'homme pouvait reprocher à l'autre homme était son ingratitude, on pourrait plus aisément supporter que le monde ne fût pas moralement parfait. Mais l'homme ne montre pas seulement de l'ingratitude à l'égard des bienfaits de l'autre homme : il lui nuit, il lui cause des dommages, il le rend pauvre, malade ou malheureux. Quelle portée faut-il dès lors donner au fait que, très souvent, cette malfaisance n'est pas interne, mais externe ? Biaiser avec le mal suffit-il à nous en innocenter ? N'y a-t-il rien que nous nous devions les uns aux autres lorsque nous sommes, les uns pour les autres, des malfaisants externes ?

Le cœur du problème nous paraît résider dans le fait que l'existence de méfaits externes perturbe l'application du principe fondamental et minimal de toute éthique sociale, à savoir le *principe de non-nuisance*. Sur la valeur de ce principe, comme principe minimal de toute moralité sociale, il y a un accord unanime de tous les moralistes.

> Le premier office de la justice, écrit Cicéron, est de ne nuire à personne, *ne cui quis noceat*[1].

De même, Pufendorf écrit :

> Parmi les devoirs absolus, c'est-à-dire qui obligent tous les hommes, sans supposer aucun établissement humain, il faut mettre au premier rang les deux maximes suivantes : ne faire de mal à personne et réparer le dommage qu'on peut avoir causé[2].

Dans *l'Émile*, Rousseau écrit également :

> La seule leçon de morale qui convienne à l'enfance et la plus importante à tout âge est de ne jamais faire de mal à personne[3].

Enfin, on connaît la célèbre formule de John Stuart Mill :

> La seule raison légitime que puisse avoir une communauté pour user de la force contre un de ses membres est de l'empêcher de nuire aux autres, *to prevent him to harm others*[4].

Si tous les moralistes sont donc ainsi unanimes à poser ce principe de non-nuisance à la racine de toute éthique sociale,

---

1. « Sauf en réponse à un préjudice, *injuria* », ajoute Cicéron, *De Officiis*, I, VII, 20, éd. et trad. W. Miller, Canbridge (Mass.), Harvard University Press, The Loab Classical Library, 1913, p. 22.

2. *Le Droit de la nature et de gens*, III, 1, § 1, trad. J. Barbeyrac, réimp. Caen, Presses Universitaires de Caen, 2010, t. I, p. 293.

3. *Émile ou de l'éducation*, livre II, *Œuvres Complètes*, t. IV, Paris, Gallimard, 1969, p. 340.

4. J. Stuart Mill, *De la liberté*, trad. L. Lenglet, Paris, Folio-Gallimard, 1990, p. 74.

force est toutefois de constater qu'ils sont presque aussi unanimes à reconnaître que ce principe ne paraît pas pouvoir être entendu littéralement ou sans recevoir quelques tempéraments. Il suffit, pour percevoir le problème, d'imaginer la petite scène suivante. Soit une personne, appelons-la *Le Jalou*, qui, par jalousie envieuse, éprouve un profond malaise à en voir une autre, qu'on appellera *Beaurayon*. Chaque fois que *Beaurayon* paraît à ses yeux ou chaque fois simplement qu'elle entend parler de *Beaurayon*, *Le Jalou* souffre. Au vu d'une telle situation, il y a sans doute un sens à dire que, par ses apparitions ou sa publicité, *Beaurayon* fait du mal à *Le Jalou*, puisqu'il lui cause un désagrément, qu'il dégrade, fût-ce épisodiquement, son bien-être. Mais faudrait-il, au nom du principe de non-nuisance, que *Beaurayon* restât enfermé chez lui ou qu'il fût interdit à quiconque de parler de *Beaurayon* pour ne pas causer de souffrances à *Le Jalou* ?

L'évidente absurdité de cette conséquence conduit en général à nuancer le principe de non-nuisance en distinguant une *échelle de gravité des nuisances* et en distinguant également des *préférences internes et des préférences externes*.

Ainsi distingue-t-on des nuisances qui sont de simples *désagréments* subjectifs, des nuisances qui sont des *dommages*, c'est-à-dire des destructions de valeurs ou d'intérêts objectifs, enfin des nuisances qui sont des *préjudices*, c'est-à-dire qui consistent dans la violation de quelque droit[1]. Et l'on affirme alors que le principe de non-nuisance ne doit pas être entendu de toute nuisance : ce que l'homme ne devrait pas causer à l'autre homme, ce ne sont pas tant des nuisances, prises au sens large, que des nuisances ayant une certaine

---

1. *Cf.* notamment Joel Feinberg, *Harm to Others*, Oxford, Oxford University Press, 1984, chap. 1.

objectivité et une certaine gravité, en l'occurrence des dommages et des préjudices. Le vrai principe fondamental de toute éthique sociale serait donc que l'homme ne doit pas causer de dommage ou de préjudice à l'autre homme, les désagréments qu'il peut, par ailleurs, causer aux autres tombant en dehors du strict champ de la moralité sociale.

Parallèlement, et pour moduler encore le principe de non-nuisance, on distingue des préférences personnelles ou internes, comme le fait d'aimer se promener, et des préférences externes, comme le fait d'aimer que les autres se promènent[1]. On nuit à un agent lorsqu'on contrarie de façon non négociée ses préférences. Mais, suppose-t-on, autant il peut être moralement problématique de contrarier les préférences personnelles d'un agent, autant contrarier ses préférences externes paraît moins problématique, parce que c'est le fait même d'avoir des préférences externes qui est problématique : comment un agent pourrait-il espérer que ses préférences externes soient systématiquement respectées, sans supposer que les autres, ceux qui sont l'objet de ses préférences externes, soient contraints d'adapter leur conduite à ses propres préférences ? N'est-ce pas là une exigence insensée, parce que tyrannique ?

Ainsi, en mêlant l'idée qu'il y a une échelle de gravité dans les nuisances que l'on subit et l'idée que tout ce qu'on vit comme une nuisance peut ne pas être reconnu comme moralement problématique, en raison de la nature des préférences contrariées, on parvient ou croit parvenir à expliquer pourquoi le principe de non-nuisance, en dépit de sa valeur axiale pour toute éthique sociale, doit cependant recevoir divers

---

1. *Cf.* notamment Ronald Dworkin, *Prendre les droits au sérieux*, trad. M.-J. Rossignol *et al.*, Paris, P.U.F., 1995, p. 341 *sq.*

tempéraments. Mais le problème posé par le principe de non-nuisance est-il bien que, dans sa formulation générale, il n'est pas sensible à l'échelle de gravité des nuisances ainsi qu'à la différence entre préférences internes et préférences externes ?

Considérons une fausse note. Quelques personnes à l'oreille délicate éprouvent un désagrément à entendre des fausses notes. Supposons que Pierre soit une oreille délicate et que Marie la violoniste le sache. Si, par Focalisation Perverse, Marie met un malin plaisir à faire entendre des fausses notes à Pierre, il ne paraît pas qu'elle sera innocentée au motif qu'elle ne cause qu'un simple désagrément à Pierre, et non un dommage ou un préjudice. On blâmera Marie et on le fera au nom du principe de non-nuisance, pris dans toute sa généralité. En revanche, supposons que Marie soit une violoniste maladroite qui s'entraîne tranquillement chez elle et que Pierre passe sous ses fenêtres chaque après-midi, à l'heure où elle s'exerce. Marie sera clairement innocentée de la nuisance qu'elle occasionne chaque jour à Pierre, mais non point du tout cependant, parce qu'elle ne lui cause qu'un simple désagrément, mais parce qu'elle fait quelque chose qu'elle a le droit de faire (jouer du violon chez elle) et par rapport auquel la nuisance qu'elle occasionne à Pierre n'est qu'un effet externe [1].

Considérons maintenant un cas différent. On admettra que, pour un flûtiste, préférer qu'il y ait des gens qui fabriquent des

---

1. Un exemple plus réaliste est fourni par les partisans de la pornographie. Ils considéreront comme innocent que quelqu'un subisse un désagrément en tombant par hasard sur une image pornographique exposée dans l'espace public. Mais ils ne jugeront pas innocent qu'on force quelqu'un à voir de telles images, même s'ils jugent qu'il en subit un désagrément et non un dommage ou un préjudice.

flûtes plutôt que pas est une préférence externe. Comparons alors les deux situations suivantes. Dans la première, l'unique fabricant de flûtes de l'île aux flûtistes refuse de fabriquer une flûte pour Pierre La Flûte qui vient de casser sa flûte, au motif qu'il désapprouve sa manière de jouer de la flûte. L'autre situation est la suivante : l'unique fabricant de flûtes de l'île aux flûtistes se convertit un beau matin à la lutherie parce que les joueurs de violon deviennent plus nombreux dans l'île que les joueurs de flûtes. Il est manifeste que, quoique la préférence contrariée de Pierre La Flûte soit une préférence externe et quoique dans les deux cas la nuisance subie soit la même, à savoir que Pierre La Flûte est privé de flûte, l'évaluation morale que l'on fera des deux situations ne sera pas la même. On blâmera sans hésitation et même condamnera pénalement le vendeur de flûtes partial et chauvin qui refuse de fabriquer une flûte pour Pierre La Flûte, au lieu qu'on sera plus hésitant à juger que le vendeur de flûte qui s'est converti à la lutherie a dérogé au principe de non-nuisance.

Ce que suggèrent ces deux exemples élémentaires, celui de Marie la violoniste et celui du fabricant de flûtes, c'est que, comme l'écrit John Stuart Mill :

> dans de nombreux cas, un individu, en poursuivant un but légitime, cause nécessairement et donc légitimement de la peine ou des pertes à autrui [1].

Il arrive très certainement que, dans un certain nombre de situations, nous tenions une nuisance pour moralement

---

1. *De la liberté*, *op. cit.*, p. 208. Comme l'écrit également Pufendorf, « lorsqu'on fournit simplement à un autre l'occasion de faire quelque chose, on ne peut pas toujours être regardé comme la cause morale d'une telle action. », *Le Droit de la nature et des gens*, III, 1, § 6, *op. cit.*, t. I, p. 299.

négligeable, soit parce qu'elle ne produit qu'un léger désagrément, soit parce qu'elle contrarie une préférence externe que nous jugeons tyrannique. Mais ce qui perturbe plus systématiquement l'application du principe de non-nuisance, c'est qu'il ne tient pas compte de la différence entre nuisance interne et nuisance externe. Car peu importe que nous causions à autrui un simple désagrément ou un dommage plus important, ou bien que nous contrarions une préférence personnelle ou une préférence externe : dans les deux cas, il n'est pas moralement permis de le faire focalement ou intentionnellement, tandis qu'il semble plus difficile de blâmer que nous le fassions lorsque c'est de manière externe que nous nuisons à autrui.

Si l'on admet donc que la différence entre nuisance interne et nuisance externe perturbe de manière non pas occasionnelle mais systématique la pleine validité du principe de non-nuisance, il convient, au rebours de ce qu'ont fait la plupart des moralistes, d'*interroger explicitement la portée morale de la différence entre une nuisance frontale ou interne et une nuisance latérale ou externe*. En premier lieu, qu'est-ce qui peut expliquer que nous soyons enclins à faire une différence morale entre effets négatifs internes et effets négatifs externes ? En second lieu, quelle est la nature de cette différence morale ? S'agit-il d'une différence entre culpabilité et innocence ? Ou bien est-ce plutôt une différence dans la nature et la force des obligations qui nous reviennent dans ces deux types de cas ?

## LA DIFFÉRENCE MORALE DE L'INTERNE ET DE L'EXTERNE

Considérons d'abord le premier problème : pourquoi est-on porté à faire une différence morale entre les effets négatifs internes de nos actions et leurs effets négatifs externes ? Pourquoi, lors même que le dommage est le même, évaluera-t-on différemment la conduite du fabricant de flûtes selon qu'il refuse de vendre une flûte (effet interne) ou selon qu'il se convertit à la lutherie (effet externe) ?

Plusieurs éléments de réponse peuvent être envisagés, si l'on se rappelle nos analyses antérieures à la fois de la structure de l'action et des diverses façons dont l'emprise externe d'une action est constituée.

On peut tout d'abord invoquer un *déficit de causalité*. Il peut en effet arriver, lorsqu'on a affaire à une nuisance externe, par contraste avec une nuisance interne, que l'agent ne soit pas la *cause pleine et entière* de ses effets externes, alors qu'il est toujours, par définition, la cause pleine et entière de ses actions et de leurs effets internes. Aucun automobiliste n'est la cause pleine et entière de la pollution des villes à l'ozone les jours de grande chaleur et de haute pression atmosphérique. Ce déficit de causalité ne s'applique toutefois qu'aux externalités de cumulation et aux externalités d'émergence. Or, s'il est vraisemblable, nous y reviendrons, que ce déficit de causalité de l'agent dans la production d'effets externes cumulés ou émergents a une conséquence morale, le cœur de la différence entre interne et externe ne peut résider dans ce déficit de causalité, puisque nous traitons tout aussi différemment un effet interne et un effet externe même lorsque l'agent est la cause pleine et entière du second, comme c'est le cas dans notre apologue de Pierre La Flûte.

Une autre caractéristique des nuisances externes à laquelle on pourrait songer pour expliquer la différence de traitement des nuisances internes et des nuisances externes, est, non plus le déficit de causalité de l'agent, mais son *déficit de connaissance*. Il arrive en effet fort souvent que l'agent n'ait pas une connaissance de face-à-face de sa victime externe et pas non plus une connaissance descriptive individualisée. Un cambrioleur peut ne pas connaître le visage de celui qu'il vole, mais il sait au moins qu'il existe quelqu'un de déterminé qu'il est en train de voler. Par contraste, les victimes de nos effets externes ne sont souvent connues de nous que de manière générale ou abstraite et en outre de manière probabiliste. Ce que l'on sait, c'est que des gens subiront ou pourront subir les effets de ce que nous faisons. Nous connaissons donc nos victimes par description et non pas par accointance ou par perception directe. Et nous les connaissons par une description indéfinie et non pas par une description définie individualisante [1].

À nouveau, toutefois, ce déficit de connaissance ne peut être le facteur explicatif pertinent. En premier lieu, parce qu'il n'est pas toujours vrai que les victimes de nos effets externes ne soient connues de nous qu'abstraitement. Dans notre apologue de Pierre La Flûte, on peut admettre que le fabricant de flûtes qui se convertit à la lutherie sait que Pierre La Flûte, parmi d'autres, subira les effets de sa conversion. En second lieu et surtout, il ne paraît pas que le déficit épistémique qui accompagne de nombreux effets externes ait une incidence *morale*. On peut en effet admettre que si le caractère abstrait de la connaissance de nos victimes externes peut jouer un rôle *psychologique*, qu'il peut notamment expliquer la moindre pression morale ressentie par l'agent, il semble plus difficile d'admettre que ce déficit épistémique puisse contribuer à modifier les caractéristiques morales de la situation. Le

1. Autrement dit, nous connaissons qu'il y a des gens qui vont peut-être subir les effets de ce que nous faisons (description indéfinie) et non pas qu'il y a un certain individu, qui a telle caractéristique (il est le propriétaire du bijou) et qui va subir les effets de ce que nous faisons (description définie).

dirigeant d'une multinationale peut ne pas connaître le visage
de tous ses employés, mais s'il décide de «dégraisser»
les effectifs pour améliorer la rémunération des actionnaires
ou bien si, en moyenne, il se révèle mieux rémunérer ses
employés hommes que ses employés femmes, nous n'hésite-
rons pas à juger qu'il commet une injustice distributive,
quoique ses «victimes» n'aient pour lui aucun visage et ne
soient connues de lui que de manière abstraite. Dans un tel cas
de figure, le déficit épistémique n'a donc aucune incidence
morale.

Pour découvrir les raisons pour lesquelles nous sommes
portés à différencier moralement les nuisances internes et les
nuisances externes, il faut donc se concentrer sur les cas qui,
comme dans notre apologue de Pierre La Flûte, ne comportent
ni déficit de causalité, ni déficit de connaissance. Qu'y a-t-il,
dans la structure d'une action produisant une nuisance externe,
par contraste avec la structure d'une action produisant une
nuisance interne, qui peut expliquer la différence de traitement
moral que nous serons portés à faire? La réponse nous paraît
devoir rouler sur la conjonction de deux caractéristiques
essentielles des effets externes.

La première de ces deux caractéristiques, c'est qu'un effet
externe se produit, non pas parce que l'agent le veut, le vise
ou l'accepte, mais parce que le monde est ainsi fait que la
composante évènementielle de l'action de l'agent y produira
cet effet. Dans un passage de l'*Éthique à Nicomaque* consacré
à la différence du volontaire et de l'involontaire[1], Aristote
avance qu'un acte est involontaire, soit lorsqu'il est accompli
dans l'ignorance, soit lorsqu'il est accompli par contrainte et

1. *Éthique à Nicomaque*, III, 1-3, trad. J. Tricot, Paris, Vrin, 1979,
p. 119-128.

Aristote ajoute qu'un acte est accompli par contrainte lorsque le principe de l'acte, *archè*, est situé en dehors de l'agent, *exoten*[1]. Dans le cas de la conversion du fabricant de flûtes à la lutherie, ce qui fait que cette conversion a pour effet externe que Pierre La Flûte est privé de flûte, c'est le fait qu'il n'y ait pas d'autre fabricant de flûtes dans l'île et le fait que Pierre avait besoin d'une nouvelle flûte. La conjonction de ces deux faits est donc le principe, situé en dehors de l'agent, qui fait que l'effet externe se trouve produit.

Évidemment, et là est, nous allons y revenir, toute la spécificité morale des actions générant des nuisances externes, l'action de l'agent, dans notre exemple la conversion du fabricant de flûte à la lutherie, n'est pas un acte involontaire. C'est plutôt que l'action volontaire de l'agent se trouve comporter, en raison de l'état du monde, une extension ou un appendice involontaire. En outre, cet appendice involontaire d'une action qui est elle-même volontaire, ne bénéficie pas du second facteur d'irresponsabilité mentionné par Aristote, à savoir l'ignorance. L'agent est contraint de produire l'effet externe, mais il se sait être contraint de le produire.

Nous avons donc là une structure pratique tout à fait particulière qui peut, en partie, expliquer que nous soyons portés à évaluer différemment, d'un point de vue moral, une nuisance qui est produite focalement ou volontairement par l'agent et une nuisance qui est produite de manière externe. Si l'on admet que la connexion entre la théorie de l'action et la morale s'effectue par l'entremise de la responsabilité de l'agent et si l'on admet que cette dernière est sensible à la différence entre ce qu'on décide de faire et ce qu'on est contraint de

---

1. *Ibid.*, III, 1, 1110 a 1-2, trad. p. 119.

faire, alors une explication de la spécificité morale des actions
générant des effets externes tient à cette imbrication originale
du volontaire et de l'involontaire dans la structure pratique des
conduites générant des effets externes négatifs. L'agent fait
volontairement quelque chose et, à cause de l'état du monde, il
est en même temps contraint d'en produire une autre, qu'il *se
sait* toutefois produire. Il est manifeste que ce concours causal
du monde à la production de l'effet externe diminue d'autant
la responsabilité morale de l'agent, *mais d'une manière qui
toutefois ne l'annule aucunement.*

Cette structure pratique singulière des conduites générant
des effets externes négatifs ne saurait toutefois expliquer à elle
seule la spécificité morale de ces conduites. Car le fait qu'un
agent fasse volontairement une chose et soit par là même
contraint d'en produire une seconde qui est une nuisance, un
dommage voire un préjudice pour autrui pourrait, en principe,
ne pas perturber trop radicalement l'évaluation morale de la
situation s'il était possible, pour l'évaluateur, de se focaliser
sur les effets négatifs de la conduite de l'agent. Mais ce qui
ajoute à l'embarras et constitue un second facteur explicatif de
la spécificité morale des conduites générant des nuisances
externes, c'est que l'action volontaire de l'agent peut, en
pensée au moins, être séparée des effets négatifs qu'elle se
trouve produire dans le monde. Il est impossible de séparer en
pensée l'action de dérober un bijou et l'effet négatif que cette
action engendre, à savoir que quelqu'un est volé de son bijou.
Nous avons là, nous n'y revenons pas, une relation interne.
Mais il est manifeste que l'action de passer de la flûterie à la
lutherie ou, pour prendre des exemples plus réalistes, l'action
d'émigrer, l'action de faire des enfants, l'action de faire un feu
de cheminée, l'action de déménager, l'action de devenir
végétarien, etc, toutes ces actions jouissent d'une absoluité

notionnelle qui permet de les considérer en elles-mêmes et d'y reconnaître des actions intrinsèquement innocentes ou des actions intrinsèquement indifférentes ou même encore des actions intrinsèquement légitimes, des actions dont, toutes choses égales par ailleurs, ce devrait être un droit pour tout homme que de pouvoir ou non les accomplir. Cette séparabilité mentale de l'action accomplie par l'agent et de ses effets externes accuse le précédent facteur explicatif : ce dont l'agent est pleinement l'auteur, lorsqu'on le considère en et pour soi-même, est quelque chose d'entièrement innocent voire d'entièrement légitime. Or cette séparabilité n'est évidemment pas accessible lorsqu'on a affaire à des actions dont les effets négatifs sont internes, soit qu'ils soient le foyer ou le but de ces actions, soit qu'ils en soient des effets internes ou instrumentaux.

La spécificité morale des conduites générant des nuisances externes peut donc être résumée de la manière suivante : l'agent agit de manière innocente ou légitime, mais est contraint, par l'état du monde, de nuire aux autres ou à quelques autres. Les nuisances qu'il génère ne sont pas des moyens ou des conditions lui permettant d'atteindre ses fins innocentes ou légitimes, mais des effets, des suites, des prolongements, des appendices de son action, générés par l'état du monde. Sa conduite ne consiste donc pas à faire du mal aux autres *pour* se faire du bien, mais à se faire un bien qui, lorsqu'il entre dans le monde, fait du mal aux autres.

Cette différence, qui peut paraître ténue, entre faire du mal pour se faire du bien et se faire un bien qui se monnaye causalement en maux, peut être encore précisée en considérant ce qu'on appelle aujourd'hui la *doctrine du double effet*. Dans la doctrine du double effet, on se demande si, pour atteindre un but légitime, il peut être permis de générer incidemment un dommage ou un préjudice. Par exemple, pour défendre sa vie, peut-on tuer son agresseur[1]? Ou, pour sauver la vie de la mère, peut-on faire mourir son fœtus[2]? Dans la solution des problèmes de ce genre, la doctrine du double effet insiste sur le fait que 1) l'action principale doit être juste ou innocente; 2) le dommage incident ne doit pas être visé, mais seulement prévu ou anticipé; 3) la production du dommage ne doit pas être un moyen d'atteindre la fin légitime, mais seulement un effet incident; 4) la valeur de la fin légitime doit surclasser celle du dommage[3].

Le but de la doctrine du double effet, il importe de le souligner, est de justifier la production d'un dommage ou d'un préjudice, de justifier par conséquent une importante entorse au principe de non-nuisance: il s'agit d'innocenter moralement l'agent. Or le point important, pour notre objet, est que le dommage ou le préjudice occasionnés par l'agent, dans les situations auxquelles la doctrine du double effet s'applique, sont ce que nous avons précédemment appelé des *effets internes* de l'action de l'agent. Ce ne sont certes pas des effets internes focaux, mais nous avons vu précisément qu'une partie des effets collatéraux de nos actions étaient des effets internes de ces actions, des effets qui, s'ils ne sont pas les buts ou les objectifs de l'agent, sont néanmoins ce que l'agent *accepte* de

1. C'est la question posée par Thomas d'Aquin dans le passage de la *Somme théologique* qui est à l'origine de la doctrine du double effet: cf. *Summa theologica*, IIa IIae, qu. 64, art. 7: *utrum liceat alicui occidere aliquem, se defendendo*, Roma, Forzani, 1894, t. III, p. 478 *sq*.

2. *Cf.* Philippa Foot, « The Problem of Abortion and the Doctrine of Double Effect » in *Virtues and Vices*, Oxford, Blackwell, 1978, p. 19-32.

3. *Cf.* R. G. Frey, « The Doctrine of Double Effect » *in* R.G. Frey, C. H. Wellman, *A Companion to Applied Ethics*, London, Blackwell, 2003, p. 464.

faire *pour* atteindre ses fins. Tuer son agresseur pour défendre sa vie, tuer le fœtus pour sauver la mère, tuer des civils pour tuer des ennemis légaux réfugiés dans une ville sont clairement des choses que l'agent fait et non point des effets de ce qu'il fait. Ces effets ne sont certes pas des fins qu'il a choisi de poursuivre : ces effets lui sont imposés par la disposition des choses. Mais ces effets sont néanmoins situés au sein de l'espace interne de son agir. C'est en effet cette coappartenance de la fin et des effets dommageables au même espace intentionnel interne de l'action qui autorise une comparaison de la fin et des effets, comparaison qui, dans certains cas, fait que la valeur positive de la fin peut neutraliser ou forclore la valeur négative des effets, mais peut aussi bien, dans d'autres cas, avoir pour résultat que la valeur négative de l'effet oblige à suspendre la poursuite de la fin. Lorsque pour atteindre une fin F, je dois produire ou m'expose à produire un effet E, ce que je compare l'une à l'autre, ce sont deux actions ou deux phases d'une action, l'action de faire E et l'action de faire F et ma décision, si elle est positive, sera de faire E en faisant F.

Or cet élément de comparaison interne n'est pas présent en cas d'effets externes. L'automobiliste qui prend sa voiture n'est pas dans la situation de comparer deux actions ou deux phases d'action, l'action de se déplacer et l'action de polluer de telle sorte que la valeur positive de l'une pourrait éclipser la valeur négative de l'autre. Il n'ignore évidemment pas que la conduite automobile est une source de pollution. Et il peut même décider de ne pas conduire, pour ne pas aggraver la pollution. Mais, s'il décide de conduire, il ne décide pas aussi de polluer. C'est plutôt qu'il laisse la pollution là où elle est : à l'extérieur de l'espace de son agir. Comme nous le verrons bientôt, on peut *choisir d'internaliser moralement* ses effets externes, choisir de les traiter comme s'ils étaient des effets collatéraux internes et leur appliquer mentalement le principe de non-nuisance ou la doctrine du double effet. Mais celui qui ne fait pas ce choix n'est pas dans la situation de celui qui s'efforcerait de ne pas voir qu'il tue des civils en tuant ses ennemis légaux. Il est plutôt dans la situation de celui qui entend se concentrer sur ce qu'il fait et qu'il a de bonnes raisons de faire, sans s'occuper de ce qui résultera de ce qu'il fait, compte tenu de ce qu'est le monde autour de lui et dont il n'est pas responsable. Or entre celui qui tue un civil innocent pour tuer un ennemi légal et celui qui tue un ennemi légal et, laissant son arme sur place, conduit à ce qu'un civil sera tué avec elle, il est impossible de ne pas faire une différence non seulement métaphysique, relative à la structure de la causalité qui est à l'œuvre, mais aussi morale. Faire deux choses à la fois n'est pas la même chose que faire une seule chose et la laisser vibrer causalement dans le monde alentour après qu'on l'ait faite. Nos effets externes sont au delà de nos œuvres. Nous sommes certes pour quelque chose dans leur survenue, mais nous ne les faisons pas : ils arrivent en conséquence de ce que nous avons fait, compte tenu de l'état du monde alentour, mais nous n'avons pas à *accepter* qu'ils arrivent, pour autant que nous puissions tous les connaître.

Aussi ténue soit-elle dans sa formulation, la différence entre faire du mal pour se faire du bien et se faire un bien qui se monnaye en maux correspond donc à une différence *morale* essentielle que l'on peut faire apparaître en comparant deux façons de renoncer à agir : renoncer à faire F pour ne pas avoir à faire E (renoncer à tuer son ennemi pour ne pas avoir à tuer des civils) ; renoncer à faire F pour que E ne se produise pas (renoncer à conduire pour que la pollution ne s'aggrave pas). La doctrine du double effet, qui régit le premier renoncement, demande à l'agent de mettre ses actions en balance, plus exactement, de mettre ses effets collatéraux internes en balance avec ses effets focaux. Mais le second renoncement n'est pas accessible à la doctrine du double effet : car l'agent renonce à faire quelque chose que rien ne condamne intrinsèquement, mais qui, compte tenu du monde alentour, entraînera des effets qu'il souhaite ne pas voir se produire. Les questions morales que l'on posera à propos de sa conduite ne sont donc pas des questions du type : « L'action bénéfique de l'agent peut-elle racheter ou excuser son action maléfique? », mais des questions de la forme : « L'agent a-t-il l'obligation de sacrifier ses intérêts parce que le monde alentour est comme il est? »; « Le producteur de flûte doit-il renoncer à mieux gagner sa vie en se convertissant à la lutherie, parce que Pierre La Flûte ne pourra plus s'approvisionner en flûtes? » Ces questions mobilisent des ressorts moraux qui sont typiques de la morale sociale : « Que nous devons-nous les uns aux autres? » « Jusqu'où devons-nous nous sacrifier pour le bien des autres? » « Sommes-nous responsables de ce que le monde est comme il est et que nos œuvres y résonnent causalement comme elles le font? » De tels questionnements, qui en appellent principalement à l'idée de justice, n'auraient pas leur place s'il ne s'agissait que de mettre le sujet en accord avec lui-même, que de mettre ses actions en balance et de savoir si la noblesse des unes rachète la vilénie des autres.

Il nous paraît donc difficile de ne pas reconnaître que la structure pratique des conduites générant des effets externes négatifs oblige à recourir à un raisonnement moral spécifique : parce que des effets négatifs sont produits, le principe de non-nuisance est spontanément activé. Mais son application est perturbée. Il paraît difficile de condamner immédiatement une conduite générant des nuisances externes, mais tout aussi difficile de l'excuser en mobilisant le schème comparatif de la doctrine du double effet. Nous avons besoin d'un schéma de raisonnement adapté.

C'est donc ce schéma de raisonnement que nous allons essayer de découvrir maintenant : si l'on admet la validité *prima facie* du principe de non-nuisance comme principe minimal de toute éthique sociale, quelles modulations faut-il lui imposer ou quelles distorsions faut-il lui faire subir pour le rendre applicable aux nuisances qui sont des effets externes de la conduite des agents ? Nous allons d'abord envisager deux solutions possibles, antithétiques l'une de l'autre et qui comportent l'une et l'autre des mérites et des limites. Puis nous essayerons d'extraire de leur examen critique une solution plus adaptée.

## LE PERMIS DE NUIRE

Une première solution, radicale, serait de considérer que, puisque les nuisances externes sont des effets nécessaires ou contraints de l'action de l'agent, compte tenu de l'état du monde, l'agent n'est en rien blâmable pour les effets externes qu'il produit. Ceux-ci sont au mieux à mettre au compte de l'imperfection du monde, mais ils doivent être supportés par les sociétaires affectés, dès lors que les actions qui les engendrent sont elles-mêmes innocentes, voire sont l'exercice de certains droits.

On peut trouver, à notre sens, une expression de cette solution dans l'affirmation déjà citée de Mill, selon laquelle « dans de nombreux cas, un individu, en poursuivant un but légitime, cause nécessairement et donc légitimement de la peine ou des pertes à autrui[1] » Formellement, ce que Mill

_____
1. *De la liberté*, *op. cit.*, p. 208.

affirme, c'est que, si l'action A est légitime et que E est un effet négatif nécessaire de A, alors E est légitime. On obtient donc de formuler ce que nous pourrions pompeusement appeler un *principe d'extension causale de la légitimité* (PECL) ou, plus simplement, un *principe de légitimation dérivée des nuisances externes*[1] :

$$\text{PECL} : (M^*p \wedge L(p \Rightarrow q)) \Rightarrow M^*q$$

Ce principe repose crucialement sur la modalité du lien causal, en l'occurrence sur sa nécessité. Le principe de Mill ne paraît pas en effet impliquer qu'il ne faut jamais s'efforcer de limiter les effets externes négatifs de sa conduite. Dès lors en effet qu'il est *possible* que l'action A soit produite sans que l'effet E ne soit produit ou dès lors qu'il est *possible* que l'action A soit produite sans que la totalité de l'effet E ne soit produite, alors la production de l'effet E cesse d'être légitime. En revanche, quand l'effet suit nécessairement de l'action, il est rendu légitime par ce fait même.

Évidemment, cette légitimité de l'effet externe négatif est une légitimité dérivée. Ma pollution, si elle est un effet nécessaire de mon action, n'est pas intrinsèquement légitime, je n'ai pas acquis un *droit à polluer*. Mais je pollue innocemment, dès lors que je pollue en conséquence d'une conduite qui est elle-même légitime. Les agents n'acquièrent donc pas un *droit de nuire*, mais plutôt une *permission conditionnelle de nuire* (PCN), que l'on peut formuler, en toute généralité de la manière suivante :

---

1. Pour utiliser simultanément les modalités ontiques (possible/nécessaire) et les modalités déontiques (permis/obligatoire), nous noterons M et L les premières, M* et L* les secondes.

> PCN : « Il est permis de nuire chaque fois que, pour ne pas nuire, il faudrait renoncer à exécuter une action qui est intrinsèquement légitime ou innocente. »

*Pro*

Qu'est-ce qui milite en faveur du principe de légitimation dérivée des nuisances externes et du principe PCN qui en découle ? Essentiellement une vérité de fait, donc en un sens une vérité contingente, mais dont il paraît extrêmement difficile de concevoir comment elle pourrait être rendue fausse. Supposons qu'en application stricte du principe de non-nuisance, on érige le commandement suivant, que nous appellerons l'*Obligation d'Innocuité Totale* (OIT) :

> OIT : « Tu dois agir de telle sorte que jamais ton action n'occasionne la moindre nuisance à autrui. »

Quoique ce commandement ne soit pas logiquement contradictoire, qu'il n'y ait pas d'incompatibilité logique entre le concept d'action et le concept d'innocuité totale, ce commandement est, *de facto*, impossible à satisfaire. Si l'on songe en effet aux divers modes d'emprises externes d'une action, il paraît difficile, non pas de concevoir une action ne générant aucune nuisance externe, mais de concevoir un *monde* ne comportant que des actions bénéficiant d'une complète innocuité externe. Car dès qu'on fait quelque chose, alors, compte tenu de la manière dont se constitue l'emprise externe d'une action, il semble extrêmement difficile d'envisager que, par effluence, par publicité, par héritage ou par désopportunité, notre action n'en vienne pas à nuire, même faiblement, à quelqu'un. Dès lors, si l'on voulait vraiment parvenir à concevoir un tel monde, le *Monde de l'Innocuité Totale*, ce que nous obtiendrions serait la représentation d'un monde dans lequel les agents n'exécuteraient, à chaque instant, que les actions qu'un *Centre d'aiguillage social mondial* les autoriserait à accomplir, après avoir vérifié, moyennant un calcul social d'une colossale complexité, leur innocuité interne autant qu'externe. Or, sans parler de la possibilité de soumettre la totalité des membres de la Grande société au contrôle total d'un tel Centre d'aiguillage social mondial, il paraît extravagant d'envisager la simple possibilité d'un calcul de tous les effets de toutes les actions qui peuvent être entreprises par tous les sociétaires.

C'est donc, en dernière analyse, l'impossibilité *de fait* de réaliser un monde dans lequel toutes les actions humaines seraient immunisées contre la production d'effets externes négatifs qui conduit, non pas à faire de nécessité vertu, mais à faire de nécessité permission conditionnelle. Il y a une permission *prima facie* de nuire, compte tenu de l'impossibilité de concevoir un arrangement social mondial qui protégerait les actions humaines les plus innocentes, comme de chanter ou de se déplacer, contre la production d'effets externes négatifs.

Cette dérivation de la permission de nuire à partir de l'impossibilité d'un monde sans nuisances peut recevoir une manière de justification formelle. Il suffit pour cela d'attribuer le statut d'*axiome déontico-ontique* (ADO) à la maxime au moyen de laquelle Kant croyait pouvoir lutter contre les sophismes paresseux de l'intérêt : « Je le peux, puisque je le dois[1] ». Autrement dit :

$$\text{ADO} : L^*p \Rightarrow Mp$$

1. *Critique de la raison pratique*, AK V, 30, trad. F. Picavet, Paris, P.U.F., 1949, p. 30.

Si l'on admet cet axiome, il est alors possible, contraire-
ment à une célèbre affirmation de Hume [1], de déduire un *ought*,
non pas cependant d'un *is*, mais d'un *is not* ou d'un *is not*
*possible* :

(1) S'il est impossible de ne jamais nuire, alors il n'est pas
obligatoire de ne jamais nuire, *i.e.* : $\neg M\neg p \Rightarrow \neg L^*\neg p$

Preuve :

$L^*p \Rightarrow Mp$ [Axiome ADO]

$L^*\neg p \Rightarrow M\neg p$ [subst. ¬p/p]

$\neg M\neg p \Rightarrow \neg L^*\neg p$ [contraposition]

(2) En conséquence, s'il n'est pas obligatoire de ne jamais
nuire, alors il est permis de nuire, *i.e.* : $\neg L^*\neg p \Leftrightarrow M^*p$ [def.].

Ainsi l'inévitable dérogation que l'existence d'effets
externes négatifs impose au principe de non-nuisance se
traduit par une *permission de nuire*, ce qui n'est pas la même
chose, soulignons-le encore une fois, qu'un *droit de nuire*.
Nous n'avons évidemment pas un *droit* de nuire, qui serait en
claire contradiction avec le principe de non-nuisance. Mais
nous avons une *permission* conditionnelle de nuire, compte
tenu de l'inaccessibilité de l'OIT.

### Contra

Qu'est-ce qui milite maintenant contre la PCN ? Pourquoi
est-il difficile de souscrire sans réserve à l'idée qu'il faut
laisser être les effets externes négatifs, *pereat mundus* ?

Évidemment, si l'on songe à certains effets externes
négatifs comme ceux qui touchent à l'environnement, on
pourrait être tenté d'invoquer une perspective catastrophiste :

---

1. Hume, *A Treatise of Human Nature*, ed. P.H. Nidditch, Oxford,
Clarendon Press, 1978, p. 469-470.

l'accumulation d'effets externes négatifs de ce genre conduirait à la destruction des sociétés humaines. Mais, à le prendre strictement, l'Argument Catastrophiste ne remet pas en cause le principe PCN : car l'Argument Catastrophiste n'implique pas qu'il n'est pas permis de nuire, mais seulement qu'il est *imprudent* de le faire. L'Argument Catastrophiste peut donc au mieux suspendre la permission de nuire, mais pas la frapper d'illégitimité.

Mais il y a évidemment un autre argument envisageable à l'encontre du principe PCN. C'est que le principe PCN et, en amont, le principe de légitimation dérivée des effets externes dont il découle, comportent un biais évident en faveur de la légitimité de l'action et en défaveur de la nuisance occasionnée. La solution exprimée par le principe PCN n'envisage pas la possibilité qu'un effet externe puisse à son tour rendre illégitime l'action initiale. Elle n'envisage pas la possibilité qu'à l'extension causale de la légitimité, on puisse opposer un *principe de régression causale de l'illégitimité* (PRCI).

$$PRCI : (\neg M^*q \land L(p \Rightarrow q)) \Rightarrow \neg M^*p$$

Si mon action innocente peut être conçue comme légitimant ma pollution, pourquoi ma pollution ne pourrait-elle à l'inverse délégitimer à rebours mon action innocente ?

Cette objection massive et évidente au principe PCN conduit donc à envisager une solution tout à fait antithétique à la précédente, une solution basée sur la régression causale de l'illégitimité.

## L'INTERNALISATION DES NUISANCES EXTERNES

Cette solution alternative, à l'inverse de la précédente, met l'accent sur la nocivité des effets externes, plus que sur la légitimité *prima facie* de l'action qui les produit. Elle prend le parti des victimes innocentes, plutôt que celui des agents, tout aussi innocents. Elle met l'accent sur le fait qu'autrui n'a pas à interférer dans ma vie, même si cette interférence n'est qu'un effet externe de son action. Au lieu, par conséquent, de trouver dans les effets externes négatifs une limite à l'application du principe de non-nuisance, elle demande au contraire que les effets externes soient vus *comme s'*ils étaient des effets internes de nos conduites.

Cette solution, ayant à son principe, non une permission, mais une obligation, peut être exprimée par un impératif catégorique que nous appellerons *l'Impératif d'Internalisation Morale des Effets Externes* (IIMEE) :

> IIMEE : « Tu dois t'efforcer d'internaliser les effets externes négatifs de tes actions, éviter le plus possible d'en produire et indemniser ceux auxquels tu n'as pu éviter d'en infliger. »

Il importe de souligner que cet IIMEE ne déroge pas au fait précédemment mentionné, à savoir l'impossibilité d'assurer une parfaite innocuité externe à toutes nos actions innocentes. L'IIMEE n'est pas une reformulation de l'OIT. L'IIMEE commande en effet de faire entrer les effets externes dans l'espace interne de la décision et, lorsque ceux-ci se trouvent néanmoins produits, d'être disposé à réparer les dommages causés.

Ce principe peut en revanche sembler ignorer la spécificité morale des conduites générant des effets externes, puisqu'il demande à l'agent de traiter ses effets externes comme s'ils étaient des effets internes. Mais il importe de noter que le concept de responsabilité a deux sens. En un premier sens, la notion de responsabilité est gagée sur la notion de causalité, la responsabilité d'un agent étant le corrélat moral de sa causalité. Je suis responsable de ce dont je suis la cause intentionnelle : « On est responsable de toute action dont l'existence ou la non-existence a été en notre pouvoir », écrit Pufendorf[1]. Mais en un autre sens, qui est moins exclusif du précédent qu'il ne s'y ajoute ou le complète, je suis responsable de ce dont j'accepte de répondre[2] et par ce biais la responsabilité peut être dégagée de la causalité : je peux par exemple me poser comme responsable des dégâts occasionnés par mes choses, même si je n'ai aucune implication causale dans ces dégâts.

Si l'on admet donc cette distinction entre responsabilité causale naturelle et responsabilité morale instituée, on peut comprendre l'IIMEE comme obligeant moralement les agents à élargir leur responsabilité causale naturelle en acceptant de répondre autant de ce qu'ils ont fait que de ce qui est un effet de ce qu'ils ont fait. L'IIMEE fait donc de la responsabilité à l'égard des effets externes négatifs une obligation morale. L'IIMEE commande aux agents de faire montre de ce que l'on peut appeler une *responsabilité sociale*, c'est-à-dire d'être près à assumer non seulement ce qu'ils font, mais aussi les répercussions sociales externes de ce qu'ils font.

### Pro

Qu'est-ce qui justifie cette solution générale ? Qu'est-ce qui milite en faveur de cette exigence d'internalisation morale des effets externes négatifs ? On peut hésiter entre deux réponses.

---

1. *Le Droit de la nature et des gens*, I, v, § 5, *op. cit.*, p. 72.
2. Ou, éventuellement, de ce dont la Loi m'oblige à répondre.

Une première réponse peut être trouvée dans une certaine interprétation du principe de non-nuisance. Si chaque sociétaire voit au minimum peser sur lui une obligation de ne pas nuire à autrui, alors, compte tenu de ce qu'est la société, compte tenu du fait que la société ne se réduit pas à l'espace interne de nos actions, chaque agent voit aussi peser sur lui, en conséquence du principe de non nuisance, ce que nous pourrions appeler un *principe de précaution sociale* (PPS) dont nous emprunterons la formulation à Pufendorf :

> PPS : « C'est un des principaux devoirs de la sociabilité que de se conduire avec tant de circonspection que notre commerce ne soit point insupportable ni dangereux à autrui [1]. »

Dans ce passage, le mot principal est le mot « circonspection ». Il implique de regarder autour de soi, de regarder au delà de l'espace interne de notre action, dans le monde social alentour, pour vérifier que nous n'allons pas, par notre action pourtant innocente, nous rendre insupportable ou dangereux à autrui.

L'exigence d'internalisation morale des effets externes négatifs peut donc reposer sur cette obligation de précaution sociale, qui est elle-même une modulation du principe de non-nuisance en fonction de ce qu'est, de fait, la vie sociale.

Une autre manière de justifier l'obligation d'internalisation ou de responsabilisation sociale est de contester l'opposition de l'interne et de l'externe, plus exactement l'opposition entre relations internes et relations externes. Il est vrai qu'une action ne comporte, dans son espace intentionnel, qu'un sous-ensemble de la société des hommes, ceux auxquels l'agent se trouve relié de manière plus étroite, compte tenu de

---

1. *Le Droit de la nature et des gens*, III, I, § 6, *op. cit.*, p. 299.

l'action qu'il accomplit. Mais il n'est pas vrai, peut-on être tenté d'avancer, que les relations de voisinage, de succession, d'entre-opportunisme que nous avons avec les autres soient des relations externes. Car tout ceci, avoir des voisins, avoir des successeurs, avoir des opportuns fait *essentiellement* partie de la vie humaine sur la Terre. Par exemple, comme Kant l'avait avancé dans sa théorie du droit cosmopolitique, la sphéricité de la Terre et la relative limitation de sa dimension expose de manière essentielle les hommes au voisinage les uns avec les autres, de sorte qu'il ne s'agit pas là de quelque chose de contingent et d'externe, mais d'une donnée interne nécessaire de la vie humaine sur la Terre [1].

Qu'on invoque donc un principe de précaution sociale, comme conséquence du principe de non-nuisance, ou qu'on invoque l'idée que les relations métaphysiquement externes des hommes les uns avec les autres sont, d'un point de vue moral, des relations internes à la condition de tout homme, on est conduit, non à refuser la différence objective entre ce qu'on fait et ce qui est un effet de ce qu'on fait, *mais à refuser qu'on y attache une signification morale*, dès lors que l'agent *se sait* exposé et essentiellement exposé à voir ses actions avoir une emprise externe sur d'autres.

Le devoir de responsabilité sociale qui découle d'une telle approche est aujourd'hui à l'œuvre à divers niveaux : dans le souci des agents individuels de limiter leur «empreinte éco-logique», dans la «responsabilité sociale des entreprises», dans les diverses formes du commerce équitable, dans les conduites de consommation inspirées par le souci de favoriser certains producteurs ("patriotisme économique" des consom-

---

1. *Cf.* le passage de Kant sur le *globus terraqueus* (*Doctrine du droit*, § 62) cité *supra* p. 49, note 1.

mateurs), etc. Mais il est aussi à l'œuvre partout où les lois contraignent certains agents à internaliser les coûts externes qu'ils font peser sur d'autres : c'est notamment le cas du célèbre principe « pollueur payeur ».

### Contra

Qu'est-ce qui milite maintenant contre cette solution ? Évidemment, il est très difficile de contester qu'il soit bel et bon que les agents, dans leurs divers rôles sociaux, fassent montre de circonspection et de responsabilité sociales. Si l'on admet la valeur du principe de non-nuisance, alors plus on travaille à se conformer à ce principe et mieux c'est, d'un point de vue moral et social.

Reste que l'on peut formuler un certain nombre d'objections à l'encontre de cette obligation générale et inconditionnelle d'internalisation morale des effets externes négatifs.

On peut objecter d'abord que cette obligation se heurte à une caractéristique de beaucoup de nuisances externes, qui est qu'elles échappent à la connaissance des agents. Nous pouvons certes connaître abstraitement que telle ou telle de nos actions pourra avoir, au loin ou dans l'avenir, des effets externes négatifs, mais ni nous ne sommes certains de la survenue de ces effets, ni nous ne connaissons avec précision quels ils seront. On pourrait certes imaginer, à la suite de certains austères moralistes contemporains[1], d'invoquer une

---

1. Comme Emmanuel Levinas : « Le Moi devant autrui est infiniment responsable. L'Autre, qui provoque ce mouvement éthique dans la conscience, qui dérègle la bonne conscience de la coïncidence du Même avec lui-même, comporte un surcroît inadéquat d'intentionnalité. […] Le Moi en relation avec l'Infini est une impossibilité d'arrêter sa marche en avant, impossibilité

*responsabilité infinie.* Mais outre l'épouvantable stress qu'une telle responsabilité infinie ferait peser sur tout agent, qui se sentirait, à tout instant, à l'origine de mille et un crimes dont il n'aurait même pas l'idée, il paraît simplement peu raisonnable de supposer qu'un agent puisse anticiper ne serait-ce que les effets externes les plus problématiques de ses actions.

Mais la limitation épistémique des agents n'est pas la seule chose que l'on puisse invoquer à l'encontre de la pleine validité de l'obligation d'internalisation morale de nos effets externes. L'objection principale que l'on peut faire est que, prise à la lettre, cette obligation d'internalisation morale des effets externes négatifs conduit à paralyser les agents d'une façon qui est peu compatible avec le fait que, par ailleurs, beaucoup des actions obliquement nuisibles qu'ils peuvent accomplir sont aussi, de manière interne, des actions qu'ils ont le *droit* d'accomplir. Prise à la lettre, l'obligation d'internalisation morale de nos effets externes devrait en effet imposer aux agents de s'abstenir de faire ce dont ils savent que cela nuira certainement à d'autres. Or considérons des actions comme l'action de déménager, l'action de se marier, l'action de faire des enfants, l'action de se garer, l'action d'émigrer : devrait-on s'abstenir de déménager au motif que notre

de déserter son poste selon l'expression de Platon dans le Phédon : c'est, littéralement, ne pas avoir le temps pour se retourner, ne pas pouvoir se dérober à la responsabilité, ne pas avoir de cachette d'intériorité où l'on rentre en soi, marcher en avant sans égard pour soi » *Humanisme de l'autre homme*, Montpellier, Fata Morgana, 1972, p. 50-51. Vision *infiniment* terrifiante, qui devrait nous empêcher de simplement tourner la clef de contact de notre automobile ou d'acheter un T-Shirt. Il n'existe pas de psychologie du sens. Elle mériterait toutefois d'être inventée : elle s'interrogerait, par exemple, sur les causes de l'ensorcellement que produit l'adjonction de l'adjectif « infini » à certains substantifs prosaïques.

départ retirera des opportunités à nos opportuns? Devrait-on s'abstenir de se marier au motif que notre mariage pourra faire des malheureux ou des malheureuses? Devra-t-on s'abstenir de se garer au motif qu'en prenant la dernière place de parking disponible nous ferons que ceux qui arriveront après nous devront tourner des heures et rater le début du spectacle?

On se trouve ici face à un problème qui est le symétrique de celui soulevé par la permission conditionnelle de nuire. Tandis que cette dernière ne faisait pas droit aux victimes, au motif que l'action de l'agent était intrinsèquement légitime et que l'effet externe en était une suite nécessaire, de même l'impératif d'internalisation devrait, s'il était pris à la lettre, conduire les agents à sacrifier leurs droits ou leurs projets légitimes, au profit de ceux qui auraient été ou auraient pu être les victimes externes de leurs actions.

Typiquement, nous sommes donc là devant un problème de justice : nous avons des intérêts *légitimes* en concurrence, celui des agents et celui de leurs victimes externes, et il nous faut trouver une solution qui équilibre ces intérêts, qui ne sacrifie pas les uns aux autres, comme le font, d'un côté, la PCN et, de l'autre, l'IIMEE.

## LE PRINCIPE POLLUÉ-PAYEUR

Comment trouver cette solution équilibrée? Il n'y a pas un nombre infini de possibilités : compte tenu de la logique de la situation, soit on durcit le principe de la PCN, la permission conditionnelle de nuire, soit on allège l'IIMEE, l'impératif d'internalisation morale des effets externes. Or comment faire cela, c'est-à-dire durcir la PCN ou alléger l'IIMEE, sans faire à nouveau intervenir une échelle problématique de gravité des effets externes, afin, dans le premier cas, d'exclure de la PCN les externalités les plus graves et, dans le second, d'excepter de l'IIMEE les effets jugés plus légers que d'autres ?

Une solution peut être trouvée si l'on réfléchit à ce qui distingue une permission et un droit. Le principe PCN reconnaît, nous l'avons souligné, une *permission* de nuire, plutôt qu'un *droit* de nuire, par exemple une permission de polluer, pas un droit de polluer. Mais comment se distingue une permission et un droit ? Par ceci qu'une permission est une liberté octroyée ou autorisée, une liberté conquise sur des interdits, une liberté qu'on pourrait dire en sursis, au lieu qu'un droit est une liberté primitive, intangible, non négociable.

Il est donc possible de durcir la PCN, sans faire intervenir une échelle objective de gravité des nuisances. *Il suffit de poser que la permission de nuire, qui est l'inévitable conséquence normative de l'impossibilité de ne jamais nuire, doit être octroyée par ceux qui sont les victimes externes de nos actions.* Autrement dit : je ne peux me livrer à une activité qui occasionne des nuisances externes que si « mes » victimes me le permettent.

Pourquoi cette intervention des victimes ? Parce qu'elle est, d'évidence, la seule condition qui permette que les nuisances externes ne soient pas une absolue exception au principe de non-nuisance. Si en effet les victimes de nuisances ne comptaient pas d'un point de vue moral, nous retrouverions simplement la première solution, à savoir la légitimation dérivée des nuisances externes, dont nous avons vu qu'elle ne pouvait être raisonnablement défendue.

Le problème est toutefois de concevoir ce que peut concrètement signifier et impliquer cette idée que ce sont les victimes d'un effet externe négatif qui octroient à l'agent la permission de leur nuire ou qui, à l'inverse, lui interdisent de le faire.

Une solution simple et tentante, mais totalement irréaliste et même injuste, serait d'accorder aux victimes un *droit de veto*. Une telle solution serait clairement injuste car elle conduirait par exemple, pour reprendre l'une de nos précédentes saynètes, à ce que *Le Jalou* ne permette pas à *Beaurayon* de sortir de chez lui, opposant son veto à l'innocent désir de promenade de *Beaurayon*. Plus généralement, une solution de ce genre introduirait un biais injustifié en faveur des victimes. Or ce qui interdit dans le cas présent d'accepter un tel biais, c'est que, dans les cas normaux de nuisances externes, l'action de l'agent est une action légitime ou innocente, une action qui, considérée en elle-même, est une action que rien ne permet ni de blâmer, ni d'interdire, une action qui répond à des intérêts légitimes de l'agent. C'est là en effet, nous n'y revenons pas, la grande différence entre les nuisances internes et les nuisances externes. Tandis que la présence des premières suffit à retirer toute légitimité aux actions qui les provoquent, les actions qui génèrent des nuisances externes possèdent, par ailleurs, une légitimité interne ou intrinsèque, qui interdit par conséquent de compter pour rien l'intérêt de l'agent. Or cet intérêt et, au delà, ce droit seraient clairement ignorés dans une solution fondée sur un droit de veto des victimes, que ce droit soit d'ailleurs reconnu à chaque victime individuelle ou qu'il soit reconnu à des syndics de victimes d'une certaine taille.

Ce qu'il s'agit donc de trouver, par contraste avec ce droit de veto des victimes de nuisances externes, c'est une solution qui revienne à permettre aux victimes de nuisances externes d'interdire aux agents d'exécuter des actions qu'ils ont, par ailleurs, abstraction faite de l'état du monde, le droit d'exécuter. Il s'agit, pour dire les choses de manière ramassée, *de permettre à autrui de m'interdire de faire ce que j'ai pourtant le droit de faire!*

Il n'y a, nous semble-t-il, qu'une seule solution propre à répondre à cette description, une seule solution propre à accorder le droit des victimes et le droit des agents : c'est d'octroyer aux victimes de nuisances externes, non pas un droit de veto, mais un droit d'interdire aux agents de leur nuire *sous réserve de les compenser* du coût de leur abstention ou de prendre en charge le coût de l'immunisation externe de leurs actions. Schématiquement, et dans les termes du petit drame que nous avons introduit au chapitre précédent : Tiers peut contraindre Agent à s'abstenir d'$OI_{ser}$ ou le contraindre à soumettre son action d'$OI_{ser}$ à des conditions immunisant son action contre la production d'effets externes négatifs, *à la condition que* Tiers fournisse à Agent une compensation pour l'action intrinsèquement légitime ou innocente dont il contraint Agent à s'abstenir ou à modifier les conditions d'exécution[1].

---

1. Dans *Anarchie, État et utopie*, Robert Nozick formule, en passant, une solution semblable : «Certains types d'actions sont généralement accomplis, jouent un rôle important dans la vie des gens et ne sont interdits à une personne qu'en la désavantageant sérieusement. Un principe pourrait faire l'affaire : lorsqu'une action de ce type est interdite à quelqu'un parce qu'elle *pourrait* causer des dommages aux autres et qu'elle est spécialement dangereuse lorsqu'il l'accomplit, alors ceux qui interdisent cette action pour augmenter leur sécurité doivent compenser la personne à qui l'on interdit l'action, en raison du désavantage que cette interdiction lui inflige.» (*Anarchy, State and Utopia*, New York, Basic Books, 1974, p. 81.) Ce principe n'est toutefois introduit qu'en passant, car Nozick en réserve l'application à des actions qui, ordinairement innocentes et sans risque pour les autres, peuvent présenter un risque pour les autres lorsqu'elles sont accomplies par certains individus ou accomplies d'une certaine façon : ainsi ce principe s'applique-t-il à l'interdiction de conduire imposé à un épileptique. En dehors de ces situations très spéciales, qui consistent à interdire à certains ce qui est permis à tous les autres,

Détaillons quelque peu cette solution générale.

– À la différence de ce qui prévaudrait si l'on ne confiait la résolution éthique du problème qu'au seul principe PCN, les victimes de nuisances externes ne sont pas sacrifiées à la légitimité de l'action nuisible, jointe à l'impossibilité d'une innocuité totale. Les victimes ont le droit de ne pas subir les nuisances externes des autres.

– Mais, à la différence de ce qui prévaudrait si l'on ne se confiait qu'au seul impératif d'internalisation morale des effets externes, le caractère légitime de l'action nuisible est également reconnu et, partant, le droit de l'agent à l'accomplir.

– L'équilibre de ces droits en concurrence est trouvé en assignant à l'agent et à sa victime, à Agent et à Tiers, des obligations corrélatives et se conditionnant réciproquement : Agent a l'obligation de s'abstenir de nuire à Tiers, mais Tiers a l'obligation de compenser Agent pour l'abstention qu'il lui impose. *Agent n'a donc l'obligation de s'abstenir de nuire à Tiers que si, et seulement si Tiers le compense pour son abstention.* D'un côté, Agent n'a pas la liberté de refuser de s'abstenir d'agir s'il est compensé. Mais, d'un autre côté, il *doit* être compensé pour être *obligé* de s'abstenir. Cela veut dire que tant que les victimes ne compensent pas l'agent nuisible, elles lui permettent de leur nuire. *Supporter sans payer, c'est permettre.* En revanche, dès que les victimes compensent l'agent ou prennent en charge l'immunisation de ses actions, l'agent est obligé de s'abstenir ou est obligé d'assurer l'innocuité de ses actions.

---

Nozick n'accorde pas de valeur à la distinction entre nuisances internes et nuisances externes et applique à la pollution le principe « pollueur-payeur » qui est caractéristique de l'IIMEE (*cf.* le passage sur la pollution, *op. cit.*, p. 79-81).

Il n'y a donc plus, dans un schéma de ce genre, à s'interroger sur l'échelle objective des nuisances. *Une nuisance externe est acceptable ou rentre dans le registre de la permission conditionnelle de nuire quand les victimes de cette nuisance la supportent ou l'évitent à un coût moindre que celui qu'aurait représenté la compensation qu'il aurait fallu payer pour obtenir l'arrêt de l'action nuisible.*

### Pro sine contra

Qu'est-ce qui plaide en faveur de cette solution de principe? Ce qui plaide en faveur de cette solution est simplement le fait qu'elle est un équilibre. Non que l'équilibre ou la « médièteté » soit, à la manière aristotélicienne, une caractéristique distinctive du bien moral. Mais simplement parce que, comme nous y avons à de nombreuses reprises insisté, ce qui fait la spécificité morale des nuisances externes, c'est qu'elles ne nous permettent pas, en raison de ce qu'est une nuisance *externe*, de compter pour rien l'innocence, l'intérêt, le droit des agents et, par une manière de *maximin* moral, d'adopter le seul point de vue des victimes. Cette solution reconnaît donc le droit des agents à agir comme ils le font, plus exactement le droit absolu qu'ils auraient à agir de cette façon si le monde se réduisait à l'espace interne de leur action [1]. Mais cette solution reconnaît également la portée du principe de non-nuisance, puisqu'elle ne laisse pas aux agents la liberté de continuer de nuire, dès lors qu'ils reçoivent de leurs victimes une

---

1. Rappelons que l'espace interne d'une action peut être un espace social, dès lors que l'action implique, de manière interne, un ou des « patients ». La légitimité interne de l'action qui est source de nuisance externe ne consiste donc pas dans le fait qu'elle pourrait légitimement être accomplie par un Robinson.

compensation pour s'abstenir d'agir ou une assistance pour agir sans nuire.

Nous proposons de résumer cette solution de façon frappante par ce qu'on peut appeler le *principe pollué-payeur* : c'est celui qui subit la pollution qui doit payer celui qui la lui inflige pour qu'il mette un terme à sa nuisance, soit en s'abstenant d'agir, soit en immunisant son action vis-à-vis de son emprise externe.

Nous n'ignorons pas qu'au regard de certaines habitudes contemporaines de raisonnement, cette solution paraîtra tout à fait horrifique. Et elle le serait sans aucun doute si elle s'appliquait à des interactions de face-à-face, dans lesquelles des agents font, de manière interne, du mal aux autres ou bien les traitent injustement. Dans tous les cas de ce genre, il serait évidemment criminel de faire payer les victimes pour les nuisances, les torts ou les crimes qu'elles aimeraient ne pas subir. Que signifierait un principe du type : « Autrui ne doit s'abstenir de me tuer que si je le paye pour qu'il ne me tue pas [1] » ?

Mais, dans le cas qui nous occupe, nous ne sommes précisément pas dans l'ordre des interactions de face-à-face et des nuisances ou dommages focaux ou internes, mais dans l'ordre des nuisances et des dommages externes. Or si l'externalité ne suspend pas la validité du principe de non-nuisance, elle oblige à en transformer les conditions d'application pour tenir compte a) de l'inaccessibilité de l'OIT et b) du caractère intrinsèquement innocent ou légitime des actions générant des nuisances externes. Considérons le cas suivant : nous chantons

---

1. Ou, pour prendre une formulation et un exemple de Nozick : « Dois-je véritablement compenser quelqu'un, lorsque, par auto-défense, je fais qu'il arrête de jouer à la roulette russe *sur moi* ? » (*op. cit.*, p. 79).

et il se trouve que, non loin de nous, quelqu'un est assis qui pâtit de notre chant. Nous ne chantons pas pour lui nuire, mais nous chantons et il se trouve qu'il en pâtit. Serait-il juste d'exiger du chanteur qu'il paye son voisin à l'oreille délicate (« principe pollueur-payeur ») ou juste de contraindre le chanteur à cesser de chanter? Il paraît beaucoup plus équitable, compte tenu a) de l'impossibilité de chanter en silence et b) de la légitimité intrinsèque de l'action de chanter, de faire supporter à la victime, qu'on supposera inamovible, fichée à vie dans le sol, le coût de la désutilité que sa délicatesse d'oreille occasionnera au chanteur si elle lui demande de cesser de chanter ou d'aller chanter plus loin. Le droit de la victime consistera alors, ici, en ce que le chanteur sera *obligé de cesser de chanter*, dès lors que la victime lui offrira une compensation pour cela. Mais le droit du chanteur, par une manière d'*Aufhebung*, sera compris dans la compensation que la victime sera obligée de lui fournir pour l'obliger à cesser de lui nuire.

Si l'on admet donc que ni une permission générale de nuire, même conditionnelle, ni une obligation tout aussi générale d'internaliser nos effets externes ne représentent des solutions pleinement *justes* au problème des nuisances externes, si l'on admet que le cœur du problème de morale sociale que les nuisances externes soulèvent réside dans le fait que, au rebours de ce qui prévaut dans le cas des nuisances *internes*, l'intérêt des agents ne peut être entièrement sacrifié à celui des victimes, il ne reste alors d'autre solution que la suivante : quiconque se trouve tomber sous l'emprise externe d'une action peut obliger l'agent à stopper son action ou à assurer son innocuité à la condition qu'il paye à l'agent une compensation pour la frustration ou le coût qu'il lui impose en le forçant à l'abstention ou à des aménagements coûteux de son agir.

Si cette solution de principe violente quelque peu certaines habitudes de pensée, c'est parce qu'en matière d'éthique sociale, on raisonne presque toujours comme si la vie sociale n'était qu'une somme d'interactions de face-à-face. Aussi imagine-t-on que pour rendre possible la vie sociale, ce qui est *exclusivement* requis, c'est que chacun soit prêt à limiter sa liberté naturelle pour ne pas nuire aux autres. Mais sauf à imaginer également que la vie sociale requiert l'institution d'un Centre d'aiguillage social mondial, propre à informer chacun des effets externes prévisibles des actions qu'il projette, il est fatal que les actions de chacun, tout autolimitées soient-elles, seront source de nuisances plus ou moins prononcées pour d'autres. Dans un grand nombre de cas de ce genre, les cas à la *Le Jalou/Beaurayon*, ce que l'éthique sociale exige de chacun, c'est qu'il supporte ou accepte que les autres soient ce qu'ils sont et fassent ce qu'ils font, même s'il lui en revient du désagrément ou des incommodités[1]. Ce qu'elle exige encore, c'est que chacun soit le plus possible circonspect lorsqu'il agit, qu'il se soumette le plus possible au PCS. Mais, même dans une société dont les membres s'interdisent de nuire focalement aux autres, sont circonspects lorsqu'ils agissent et tolérants lorsque ce sont les autres qui agissent, il se trouvera malgré tout que chacun ait à subir des nuisances externes qu'il estimera au delà de son propre seuil de tolérance. Cette situation ne peut plus être réglée par un appel au principe d'auto-limitation interne : car ces nuisances ne sont pas des actions des

---

1. « La condition de l'homme, écrit Hobbes, ne peut jamais être exempte de toute espèce d'incommodités. » (*Leviathan*, chap. XVIII, trad. F. Tricaud, Paris, Sirey, 1971, p. 191). La vie sociale est l'une des sources de ces incommodités et nul ne peut vivre parmi les autres s'il n'est disposé à s'accommoder, non de ce que les autres *lui* font, mais de ce qu'ils font, dans son voisinage ou à sa vue.

agents, mais des effets de leurs actions qui naissent de la complexion du monde physique autant que du monde social. Mais cette situation ne peut non plus être réglée en en appelant à la vertu de tolérance, au renforcement de la capacité de supporter les désagréments qui naissent des actions innocentes d'autrui, car il arrive que ces nuisances soient des dommages particulièrement lourds. Cette situation ne peut dès lors être réglée que par une application complexifiée du principe de non nuisance : si la vie sociale requiert que chacun autolimite ses actions ou soit publiquement contraint de le faire, chaque fois que ses actions enveloppent en elles, de manière interne, une nuisance, un dommage ou un préjudice pour autrui, chacun doit *aussi* être prêt à un *second effort, tout aussi nécessaire à la vie sociale*, à savoir *payer l'abstention qu'il exige des autres*, chaque fois que ces autres ne sont pas des criminels rectaux, mais des nuisants obliques. Autrement dit, à un premier niveau, la vie sociale exige que nous soyons prêts à nous autolimiter pour laisser une place aux autres. Mais, à un second niveau, elle exige aussi que nous soyons prêts à sacrifier un peu de notre bien-être pour acheter l'innocuité sociale *externe* des autres, de tous ceux qui nous ignorent, de tous ceux pour lesquels nous sommes sans visage et dont la Grande société fait que nous pouvons subir, par voisinage, héritage ou opportunisme, des effets négatifs.

Tout homme a le droit moral de ne pas être tué, violenté, affamé, humilié, opprimé, brisé par les autres. Il n'y a donc pas lieu de poser la moindre exception au principe de non-nuisance qui est le fondement de ces droits. Mais il y a lieu, en revanche, de tenir compte du fait que ce n'est souvent que de biais que l'homme est un loup pour l'homme. Or les loups obliques, qui ne sont en fait que des agneaux que l'état du monde lupifient, ne peuvent être traités comme des loups rectaux.

S'il leur arrive à eux aussi de tuer, de violenter, d'affamer, de briser, d'opprimer et si leurs victimes sont donc fondées à leur ôter leurs dents, elles ne peuvent le faire sans reconnaître l'innocence de l'agneau caché derrière ce masque de loup. Elles doivent payer l'agneau pour le forcer à retirer son masque involontaire de loup.

CHAPITRE IV

## INNOCENCE PRIVÉE ET MAUX PUBLICS

Si les analyses qui précèdent sont justes, alors des maux sociaux aussi importants et caractérisés que l'appauvrissement économique, les menaces virales, la pollution de l'air, de l'eau et des sols, la congestion des milieux urbains, la pression démographique sur les ressources alimentaires, etc., qui sont des effets externes d'activités humaines et ne relèvent en rien de la Focalisation Perverse, devraient pouvoir trouver une juste solution en faisant contribuer les victimes de ces maux à l'immunisation des actions qui les engendrent.

Paradoxe horrifique, à n'en pas douter, mais que nous allons tenter de lever en montrant, pour différents maux de ce type, en quoi une solution basée sur le principe pollué-payeur serait à la fois plus juste et plus efficace qu'une solution basée sur le principe pollueur-payeur, sans parler d'une solution basée sur le principe de la permission conditionnelle de nuire.

### DROIT ET VERTU

Insistons d'abord sur un point : poser qu'une solution juste au problème des nuisances externes est constituée par le principe pollué-payeur n'exclut nullement, nous y avons déjà fait allusion, qu'en deçà de ce que la justice nous oblige à faire, à savoir cesser de nuire de manière oblique si l'on nous compense pour notre abstention, il ne soit pas *méritoire* de faire montre de circonspection sociale et de se conformer le plus possible à l'IIMEE. Une entreprise socialement responsable, par exemple, c'est évidemment bien mieux qu'une entreprise socialement non responsable, une entreprise qui se borne à veiller à la seule légalité *interne* de ses actions. De même, un automobiliste qui achète une voiture hybride ou un particulier qui s'équipe d'une chaudière solaire, c'est certainement mieux qu'un automobiliste qui achète un Hummer ou qu'un particulier qui se chauffe au charbon.

Le problème est que la circonspection sociale ne peut constituer une réponse adéquate ou suffisante aux nuisances externes que chacun peut, à son échelle, contribuer à engendrer. Une première raison est que la somme d'informations nécessaire à une circonspection sociale efficace est au dessus de ce qu'un entendement individuel peut efficacement calculer. Une seconde raison est que, dans le cas le plus socialement délétère, celui des externalités de cumulation, la circonspection sociale de chacun se heurte aux paradoxes bien connus de l'action collective[1]. Mais une troisième et décisive raison est que la circonspection sociale va de pair avec des devoirs comme ceux de civilité, de politesse, etc., qui sont, selon la célèbre distinction de Kant, des devoirs de vertu et non

---

1. Nous songeons bien sûr à la tentation raisonnée de ne rien faire (*free-riding*), telle qu'analysée par Mancur Olson dans *The Logic of Collective Action*, Cambridge (Mass.), Harvard University Press, 1965.

point des devoirs de droits[1]. La circonspection sociale est une vertu sociale, qui contribue à bonifier la vie sociale[2], dont la présence doit donc être encouragée et qui, dans une société qui attache une valeur marketing au mot « éthique », peut même être intéressante à développer[3], mais elle n'en reste pas moins suspendue à la bonne volonté des acteurs sociaux et passible seulement de sanctions lors de quelque Jugement dernier.

Or, par contraste, l'obligation de cesser de nuire, lorsqu'on est dûment compensé pour cela, représente un devoir de droit et non point de vertu. Il n'est pas méritoire de s'équiper de dispositifs techniques anti-pollution lorsqu'on nous verse l'argent nécessaire pour les acheter : on doit le faire et l'on peut être contraint de le faire. Le propre d'un devoir de droit, à la différence d'un devoir de vertu, c'est en effet qu'il est susceptible d'une contrainte publique. Il se peut que cette contrainte publique ne soit pas empiriquement à l'œuvre, il se peut que la règle de justice correspondante ne soit pas *de facto* reconnue par l'État, mais, du point de vue du raisonnement normatif, affirmer qu'une prescription éthique est un devoir de droit, c'est affirmer que l'État se trouve impliqué dans cette prescription, qu'il lui appartient, idéalement au moins, de travailler à sa mise en œuvre, de contraindre les agents concernés, par la

1. « Tous les devoirs sont ou bien des *devoirs de droit* (*officia juris*), c'est-à-dire tels qu'en ce qui les concerne une législation extérieure est possible, ou bien des *devoirs de vertu* (*offica virtutis s. ethica*) pour lesquels une telle législation n'est pas possible ». Kant, *Doctrine du Droit*, AK VI, 239, trad. p. 113.

2. Et, en même temps, à économiser les ressources que la stricte justice oblige à mobiliser.

3. Nous songeons notamment à l'usage marketing de la responsabilité sociale des entreprises, aux meubles en bois « équitable et durable » et aux lignes de produits « éthiques ».

menace d'une sanction, à la respecter. Dans le cas présent, affirmer, comme nous le faisons, que s'abstenir de nuire obliquement est un devoir de justice ou de droit, lorsque nos victimes nous le réclament en nous compensant pour l'action intrinsèquement légitime dont elles nous demandent de nous abstenir, c'est dès lors affirmer que l'État est fondé à contraindre le nuisant oblique lorsque les conditions sont réunies pour qu'il ait à cesser de nuire.

Cette conséquence ne devrait rien avoir d'étonnant, au moins dans son principe. Elle ne fait que reconduire une idée fondamentale de Mill, mais complexifiée par l'externalité de la nuisance. D'après Mill, « la seule raison légitime que puisse avoir une communauté pour user de la force contre un de ses membres est de l'empêcher de nuire aux autres[1] ». Or, nous l'avons vu, l'externalité d'une nuisance ne suspend pas le principe de non-nuisance, mais elle oblige à complexifier sa mise en œuvre : le nuisant oblique ne doit s'abstenir de nuire que si sa victime le lui demande en le compensant pour cela. Mais quoique cette condition soit logiquement plus complexe que la pure et simple interdiction de nuire, qui est caractéristique des nuisances internes ou focales, elle n'en reste pas moins fondée, en dernier ressort, sur le principe de non-nuisance. Si la tâche minimale de l'État est dès lors, comme le soutient Mill, de protéger les citoyens contre les nuisances, dommages, préjudices qu'ils peuvent s'infliger les uns aux autres, alors il entre aussi dans cette tâche de protéger les citoyens contre les nuisances externes qu'ils peuvent s'infliger les uns aux autres.

---

1. *De la liberté*, p. 74.

Reste que la complexité de la règle de justice correspondant aux nuisances externes introduit également une certaine complexité dans la manière dont l'État peut ici accomplir sa tâche de protection des citoyens contre les nuisances qu'ils peuvent s'infliger les uns aux autres. Lorsqu'une action est telle qu'elle implique, de manière interne, un préjudice pour autrui, alors cette action perd *de facto* toute légitimité et l'État est fondé à l'interdire ou à la réglementer. Tout se passe comme si, dans ce genre de cas, l'État avait reçu mandat de tous les citoyens de les protéger contre les nuisances internes, sans avoir à solliciter à chaque fois leur consentement. Mais, dans le cas des nuisances externes, la situation est très différente. Même si un type donné d'action est connu pour engendrer des nuisances externes, cela ne suffit nullement à donner à l'État le droit de l'interdire ou de la réglementer. Dans le cas contraire, l'État deviendrait fatalement un Centre d'aiguillage social. L'État peut réprimer l'empoisonnement : mais il ne peut réprimer la conduite automobile, au motif qu'elle est aussi une source d'empoisonnements externes. Ce que l'État peut faire, c'est forcer les automobilistes à ne plus polluer ou à moins polluer *si et seulement si* les victimes de la pollution sont disposées à payer pour obtenir que les automobilistes cessent leur nuisance. L'État peut assurer, d'un côté l'encaissement, de l'autre la contrainte, mais il ne peut, de son propre chef, exercer la contrainte. Il peut faciliter la transaction entre pollués et pollueurs, mais pas contraindre les seconds pour le bien supposé des premiers.

## L'ÉTAT DES VHO[1]

Avant de tenter de déterminer comment l'État peut exercer cette fonction d'entremetteur entre pollués-payeurs et pollueurs[2], essayons d'abord de délimiter les cas dans lesquels l'État peut exercer cette fonction. Si on doit le faire, c'est qu'il semble absurde d'imaginer que l'État puisse s'entremettre chaque fois qu'un agent est responsable d'une nuisance externe. Si l'on imaginait à chaque fois, entre la victime et le nuisant oblique, la puissance de contrainte de l'État, nous aurions en réalité conçu un formidable système d'oppression. *Le Jalou* offrirait un euro symbolique à *Beaurayon* et requerrait de l'État qu'il le force à rester chez lui.

En réalité, comme cet exemple le fait voir, la règle « s'abstenir de nuire obliquement si l'on est compensé pour cela » appelle tempéraments et précisions. D'un côté, il semble y avoir des actions innocentes qui, même si elles sont génératrices d'effets externes négatifs, ne peuvent pas être interdites parce qu'elles correspondent à l'exercice de libertés ou de droits dont on ne voit pas qu'une personne puisse être privée. Priver *Beaurayon* du droit de sortir de chez lui tant que *Le Jalou* serait en vie paraît extravagant. D'un autre côté, comme cette saynète le suggère également, la condition de compensation ne doit pas être confondue avec une condition d'indemnisation quelconque. Ce que *Le Jalou* devrait offrir à *Beaurayon*, c'est une somme telle que *Beaurayon* puisse être indifférent

---

1. Prononcez « vé-hache-o », Voisins, Héritiers, Opportuns. Cf. *infra*, p. 134.

2. Toutes les nuisances externes ne sont pas au sens strict des pollutions, mais nous employons ces notions de pollués-payeurs et de pollueurs de manière analogique, pour parler de manière frappante de toute espèce de nuisance externe.

entre recevoir le payement et sortir librement de chez lui et c'est à cette condition qu'il pourrait être *juste de contraindre Beaurayon* à rester chez lui. Dans ce cadre, affirmer que certains actes, parce qu'ils correspondent à des libertés fondamentales, ne peuvent faire l'objet d'une contrainte publique, tout obliquement nuisibles soient-ils, c'est au fond affirmer qu'il faudrait offrir au nuisant oblique une compensation *infinie* pour qu'il s'abstienne de nuire. Si, par exemple, c'est ma simple existence qui constitue une source de nuisance pour autrui, il faudrait m'offrir une compensation infinie pour que je m'abstienne de continuer d'exister.

La règle que nous avons posée paraît donc se heurter au problème suivant : si la condition pour qu'un nuisant oblique s'abstienne de continuer de nuire obliquement, c'est que sa victime lui offre une « vraie » compensation pour l'action innocente ou légitime dont elle le force à s'abstenir, et si une vraie compensation, c'est une compensation propre à rendre le nuisant indifférent entre continuer de nuire obliquement et encaisser la compensation, comment se détermine une vraie compensation ? Faut-il laisser nuisants et victimes négocier ?

Sans doute n'y a-t-il pas de raisons de ne pas envisager cette solution. C'est celle qu'a notamment défendue l'économiste Ronald Coase dans son article séminal « The Problem of Social Cost[1] ». Contre l'idée, formulée par Arthur Pigou[2], selon laquelle le nuisant oblique doit être taxé aux fins de lui faire intégralement supporter le coût social externe de son activité, Coase objecte que, du point de vue du solde des bénéfices et des coûts sociaux, on a le choix entre limiter l'activité

---

1. Ronald H. Coase, « The Problem of Social Cost », *Journal of Law and Economics*, 3 (1), 1960, p. 1-44.
2. *The Economics of Welfare*, *op. cit.*

obliquement nuisible ou faire supporter aux victimes le coût de leur mise à l'abri. Cette alternative ne se rencontrerait pas si l'on avait affaire à une activité focalement nuisible. Mais, par exemple, une activité polluante possède à la fois un coût social (la pollution qu'elle génère), mais elle représente aussi un bénéfice social (elle met à disposition des produits possédant une utilité sociale). Faire supporter au pollueur le coût social de son activité reviendrait à limiter le bénéfice social représenté par la partie utile de son activité polluante. Mais rien ne garantit que le solde social positif ne soit pas plus élevé si ce sont les pollués qui payent pour se mettre à l'abri de la pollution qu'ils subissent. R. Coase montre alors que la solution optimale sera à chaque fois trouvée si les parties négocient entre elles le partage du coût social, à la condition toutefois que les « coûts de transaction » soient négligeables.

Cette dernière restriction est, pour notre objet, décisive. Considérons le cas d'un cultivateur dont le voisin élève des chèvres sur un terrain non grillagé. Qui doit payer la barrière ? On serait sans doute tenté de dire : l'éleveur de chèvres, puisque ce sont *ses* chèvres qui viennent déborder sur les cultures du voisin. Mais pourquoi ne serait-ce pas le cultivateur, qui est le seul à avoir intérêt à la barrière ? Ce qui fausse le raisonnement, ce qui incline à pencher pour le principe pollueur-payeur, c'est que l'on raisonne comme si des droits de propriété « naturels » étaient fixés dès l'origine, de sorte que la « pollution », ici les chèvres, apparaît violer les droits de propriété de la victime. Mais pour apprécier correctement les choses, pour ne pas préjuger de la solution juste au problème, il faut se transporter mentalement dans un état de nature, où les droits ne sont pas encore fixés, mais vont précisément l'être sur la base d'une négociation entre les parties. Supposons un vrai état de nature avec une Terre qui, selon le mot de Locke, serait comme une Amérique. Notre cultivateur pourrait fort bien s'éloigner de notre éleveur. Mais on supposera qu'il lui en coûterait, peut-être parce que la terre qu'il cultive a un haut rendement, au contraire des terres alentours. Supposons encore, puisque aucun droit n'est fixé, que notre cultivateur, lorsqu'il trouve une chèvre broutant ses cultures, la violente ou la tue. Tout cela suffit à créer les conditions pour que le cultivateur et l'éleveur aient intérêt à un accord. Or, si la construction de la barrière est dans l'intérêt du cultivateur, elle n'est pas dans celle de l'éleveur, dont les chèvres auront un espace de pâture plus restreint. Il en coûtera donc à l'éleveur de se restreindre, comme il en coûte à n'importe qui de cesser de se livrer à une activité qui a des effets externes négatifs sur d'autres[1]. Pourquoi faudrait-il alors et en outre que l'éleveur paye la barrière ? Une telle solution serait à l'avantage exclusif du cultivateur et ne pourrait correspondre au résultat d'une négociation libre entre les deux parties. Qui ne voit bien plutôt que, dans une situation de ce genre, où les droits ne sont pas fixés, où le cultivateur ne peut donc invoquer son droit inviolable et sacré à ce que ses cultures ne soient pas broutées par les chèvres du voisin, la solution d'équilibre, impliquant des restrictions de chaque côté, sera que le cultivateur payera la barrière, dont l'éleveur, de son côté acceptera qu'elle soit installée, moyennant peut-être, en outre, la fourniture gratuite de déchets de culture comme complément de nourriture pour les chèvres désormais assignées à la seule pâture ? C'est seulement si, face à une telle offre (barrière payée, compléments de

---

1. Nous admettons bien sûr que l'éleveur de chèvres n'est pas un Focaliseur pervers, qu'il ne met pas des chèvres sur la pâture jouxtant les terres cultivées *pour* que celles-ci aillent brouter les cultures. Il les met sur la pâture et, de temps à autre, elles vont brouter à côté.

nourriture fournis), l'éleveur s'entêtait à refuser l'accord, donc à refuser de cesser de nuire obliquement, que son activité obliquement nuisible deviendrait injuste.

Ce petit exemple intuitif illustre l'idée de Coase que la solution optimale à ces problèmes de nuisance externe peut être trouvée par la négociation et que les droits, en la matière, ne peuvent être préjugés, mais sont établis par la négociation elle-même. Le cultivateur acquiert un droit inviolable et sacré sur ses cultures, non par le *Fiat* autoritaire et arbitraire d'un tiers, mais parce que ce droit représente le terme d'un accord librement négocié entre les parties. Mais ce petit exemple fait aussi voir ce que sont les évidentes limites du modèle de la négociation.

En premier lieu, il convient de noter que si la négociation est une méthode pour déterminer quelle « vraie » compensation est due par la victime au nuisant oblique, il faut encore que, de manière préalable, le nuisant soit disposé à négocier. Il est vrai qu'une négociation n'est pas un processus sacrificiel et qu'en principe, si les négociateurs sont rationnels ou simplement avisés, ils doivent trouver leur intérêt à l'accord qui sera obtenu. Mais une négociation suppose quand même que l'on soit disposé à faire des concessions, que l'on soit disposé à prendre en compte les attentes de l'autre partie. L'éleveur de chèvres peut ne pas tout perdre à la négociation, compte tenu des intérêts en présence, mais le fait est qu'il est obligé de changer quelque chose à sa manière solitaire ou monadique d'agir, il doit prendre en compte l'existence de son voisin cultivateur. S'engager dans une négociation avec les victimes de nos nuisances externes, c'est donc accepter de sortir de l'espace interne de notre action ou, plus exactement, c'est accepter de faire entrer le milieu externe de notre action dans son espace interne.

Si les analyses que nous avons conduites jusqu'ici sont justes ou plausibles, on peut toutefois admettre que *tout agent*, dès lors qu'il *sait* que l'action humaine est sujette à produire des nuisances externes, dès lors qu'il sait qu'il a des Voisins, des Héritiers ou des Opportuns, tout agent *est moralement tenu d'être prêt à négocier* une compensation avec quiconque se présentera à lui comme une victime externe de ses actions innocentes. Pour employer un vocabulaire un peu compassé, nous pourrions dire que *la loi de nature* en matière d'externalités lui fait obligation de se tenir prêt à entendre la voix de ses victimes obliques. Nous agissons innocemment, en tenant compte des visages situés dans l'espace interne de notre action. Mais nous n'ignorons pas que ce que nous faisons produit des effets variés dans le milieu externe au sein duquel nous nous trouvons situés. Un habitant de ce milieu externe peut venir frapper à la porte de l'espace interne de notre agir. Il peut montrer son visage et nous dire : « Tu me nuis obliquement, parce que je suis ton Voisin, ton Héritier, ton Opportun ». Nous n'avons alors pas le *droit* d'ignorer ce visage. Nous n'avons pas le droit de prétexter la différence de l'interne et de l'externe pour nous rendre indifférents à ses demandes. Mais nous ne sommes pas non plus tenus de nous soumettre à sa simple demande : nous ne sommes tenus de nous y soumettre que s'il nous offre une *compensation* pour l'abstention qu'il nous réclame. L'éthique des nuisances externes ne reconnaît ni droit de nuire obliquement, mais ni non plus interdiction de nuire obliquement. Elle requiert que l'on soit prêt à cesser de nuire obliquement si nos victimes nous le demandent en nous compensant pour notre abstention. Mais comment pourraient-elles formuler cette demande, comment pourraient-elles nous offrir la compensation qui nous oblige à nous abstenir de leur nuire obliquement si nous n'étions pas préalablement et par principe tenus de négocier avec elles cette compensation ? Une compensation, nous l'avons dit, ce n'est pas une indemnisation fixée arbitrairement par la victime. C'est un équivalent de l'utilité innocente à laquelle on nous demande de renoncer. Or comment déterminer cet équivalent sans le négocier avec notre victime ? Il est dès lors manifeste que l'*ouverture à la négociation* est analytiquement impliquée par le principe fondamental que nous avons posé, à savoir qu'on est moralement tenu de s'abstenir de nuire obliquement si l'on est compensé pour cela par nos victimes. On ne peut pas, à la fois, être prêt à s'abstenir de nuire obliquement en cas de demande compensatrice et n'être pas prêt à discuter de cette compensation. Si l'éleveur de chèvres refusait toute négociation, il violerait le principe fondamental de l'éthique des effets externes qui est d'être disposé à s'abstenir de nos actions innocentes si elles se révèlent obliquement nuisibles *et* que notre victime est prête à nous compenser pour notre abstention.

Reste que, même si l'on peut admettre qu'il y a une obligation morale générale d'être prêt à négocier avec tout visage de victime oblique venant frapper à la porte de l'espace interne de notre agir, il n'est pas inutile que ce visage soit doté d'un bras armé. Ce n'est pas seulement que la pure morale est impuissante. C'est aussi et surtout que les conditions propres à permettre de déterminer quelle compensation est due par la victime supposent que le nuisant oblique ne puisse attribuer un prix infini au renoncement à la moindre de ses actions innocentes. Renoncer à continuer d'exister possède sans doute un prix infini. Mais renoncer à continuer de laisser ses chèvres aller où elles veulent ne paraît pas avoir un prix infini. Or il serait loisible au capriculteur d'élever infiniment le prix de son renoncement à l'innocence capricole, si le cultivateur ne disposait pas de quelques moyens de rétorsion. Dans le cas que nous avons imaginé, le cultivateur peut s'en prendre aux chèvres trop gourmandes de l'éleveur. Cette menace permet donc à la fois de forcer l'éleveur à négocier, mais aussi de faire baisser le coût d'un accord, car le cultivateur met sur la table de négociation la renonciation à cette menace.

Cela veut dire, si l'on revient maintenant à notre problème de départ, que le modèle de la négociation ne peut constituer une solution aux problèmes de nuisances externes que là où les victimes d'une nuisance externe, non seulement peuvent forcer le nuisant oblique à négocier une compensation, mais surtout là où elles ont des moyens de négociation propres à faire que la compensation n'ait pas pour elles un prix infini. Même si l'on imagine que tous les membres de la Grande société intériorisent le principe fondamental de l'éthique des effets externes et sont donc prêts à troquer leurs actions inno-centes contre une compensation, chaque fois qu'ils découvrent que leurs actions innocentes font des victimes externes, il faut encore que les conditions soient réunies pour que cette compensation soit fixée. Si, d'un côté, les victimes ne peuvent fixer arbitrairement la compensation qui doit déclencher l'abstention du nuisant oblique, ce dernier ne peut non plus fixer arbitrairement la compensation que lui paraît mériter le renoncement à l'innocence. Les conditions d'une balance entre la disposition à payer des victimes et le prix mis par le nuisant à son innocence doivent donc être réunies.

Or ce sont précisément ces conditions qui forment la première limite à l'application du modèle de la négociation de gré à gré entre le nuisant oblique et sa victime. Car s'il y a bien des situations dans lesquelles les victimes d'une nuisance externe ont des moyens de rétorsion à l'endroit de leur nuisant, des moyens propres à le forcer à négocier et, surtout, à trouver le niveau de compensation qui pourra l'amener à cesser de nuire, il y a aussi toutes sortes de situations dans lesquelles les victimes sont démunies. Quel moyen de négociation a-t-on vis-à-vis des milliers d'automobilistes et d'industriels qui nous imposent leurs fumées ? Quel moyen de négociation possède le coiffeur vis-à-vis de ses clients qui se convertissent à l'infini capillaire ? Que peuvent nous faire nos lointains héritiers, à nous qui leur laissons des choses communes dégradées ? Dans les cas de ce genre, qui sont les plus nombreux et les plus socialement délétères, il est très difficile d'imaginer comment une négociation de gré à gré pourrait avoir lieu.

Cette faiblesse négociatrice des victimes d'effets externes constitue donc une première limite au modèle « coasien » de la négociation : dans de très nombreux cas, les conditions ne sont pas réunies pour que les victimes puissent empêcher les nuisants obliques de donner un prix excessif au renoncement à leur innocence. Mais il est une autre limite, qui est plus clairement exprimée par l'idée de *coût de transaction*. Pour voir le problème, considérons à nouveau notre petite saynète. Dans la version que nous en avons proposée, le cultivateur est exposé aux nuisances d'un unique capriculteur, un capriculteur qu'il connaît et avec lequel il peut aisément entrer en relation pour négocier une compensation. Mais imaginons les deux variantes suivantes. Dans la première, les capriculteurs ont une espérance de vie de deux ou trois jours, mais ils forment un club solidaire : dès qu'un capriculteur meurt, un nouveau le remplace, pour ne pas laisser des chèvres sans maître. Une seconde variante est la suivante : nous avons toujours notre cultivateur, mais la disposition des choses fait que ce sont des milliers de capriculteurs qui vivent dans les parages et dont les chèvres vagabondent de-ci de-là. Même si nous imaginons que notre cultivateur possède toujours le pouvoir de violenter les chèvres qui viennent brouter ses cultures, si, par conséquent, nous le dotons d'un certain pouvoir de négociation, il est manifeste que, dans les deux variantes, le prix d'une paix négociée est devenu très élevé. Dans la première variante, le cultivateur doit recommencer ses négociations tous les deux ou trois jours avec un nouveau voisin, plus ou moins accommodant[1]. Dans la seconde variante, le cultivateur doit négocier simultanément avec une pluralité de capriculteurs, qu'il doit au préalable s'employer à identifier. Dans ces deux variantes, les *coûts de transaction*, c'est-à-dire le temps, l'énergie et les ressources requises pour négocier une transaction, sont tels que le cultivateur n'a plus aucun intérêt à négocier : quand bien même la négociation lui serait favorable, il perd tellement de temps rien qu'à se placer dans les conditions d'une négociation qu'il n'a plus de loisir pour jouir des éventuelles issues bénéfiques d'une négociation quelconque.

Ces deux variantes de notre apologue du Cultivateur et du Capriculteur font donc apparaître la seconde limite du modèle « coasien » de la négociation, limite résumée par la notion de coût de transaction. Le modèle de la négociation s'applique chaque fois que la victime peut aisément identifier son nuisant oblique et entrer en contact avec lui, ce qui arrive typiquement dans les « troubles du voisinage ». Certes, il peut ne pas suffire de subir les nuisances de son voisin pour qu'une négociation ait lieu avec lui. Même si, comme nous l'avons précédemment soutenu, tout sociétaire est moralement tenu de négocier avec ses victimes collatérales lorsqu'elles viennent frapper à la porte de l'espace interne de son agir et lui montrer leur visage, il est souvent plus expédient que les victimes montrent non

---

1. On voit que la convention juridique qui veut que l'on puisse hériter des obligations d'un mort a pour finalité la réduction des coûts de transaction.

seulement leur visage, mais aussi leurs moyens de pression. Or on peut ne pas avoir de tels moyens de pression, même à l'égard d'un nuisant individuel bien identifié et il peut donc arriver que l'on subisse les nuisances à nos yeux insupportables d'un voisin que l'on connaît, mais qui est fort peu disposé à la circonspection sociale. Reste qu'il est au moins nécessaire que l'on puisse aisément identifier et contacter son nuisant oblique pour qu'une solution négociée soit au moins envisageable. Dès que le nombre des nuisants se multiplient et que leur visage nous est inaccessible, la négociation devient *de facto* impossible ou infiniment coûteuse.

Ces deux limites au modèle de la négociation : faiblesse négociatrice des victimes et pléthore de nuisants obliques anonymes, nous paraissent marquer en creux la place de l'État dans la résolution des problèmes soulevés par les nuisances externes. Dans un état de nature, les nuisances externes du type de celles que notre capriculteur inflige à son voisin cultivateur peuvent, nous l'avons vu, se résoudre de manière « coasienne » : les parties sont placées dans ce qu'on pourrait appeler, en modifiant légèrement une idée de Hume, les *circonstances du marchandage*[1] ou de la négociation et les

---

1. Dans son *Enquête sur les principes de la morale*, Hume affirme (section III, partie I, trad. Ph. Baranger et Ph. Saltel, Paris, GF-Flammarion, 1991, p. 85-95) que la justice, comme mode de régulation sociale, ne trouve son « utilité » que lorsque certaines conditions ou circonstances sont réunies : ressources limitées, absence de bienveillance ou de disposition sacrificielle des parties, mais égoïsme limité, non porté à la lutte ou à la prédation. C'est dans ce type de circonstances que les parties seront enclines à s'entendre sur des *règles* de partage des ressources. Les « circonstances » de la négociation ou du marchandage (*bargaining*) pourraient être : existence d'externalités négatives ; pouvoir de menace des victimes ; faiblesse des coûts de transaction avec leurs bourreaux obliques.

coûts d'une transaction entre la victime et son nuisant oblique sont faibles. Si toutes les situations étaient de ce type, le pire qui pourrait se rencontrer, ce serait de voir des nuisants obliques rester sourds aux demandes compensatrices de leurs victimes. Mais les moyens de rétorsion de ces dernières auraient tôt fait de les amener à adopter la conduite que l'éthique des externalités prescrit : cesser de nuire obliquement, si l'on nous compense pour l'action intrinsèquement innocente à laquelle nous renonçons.

Mais ces situations ne sont nullement les plus répandues ou les plus délétères. L'ordinaire de la nuisance externe, dans la Grande société, c'est de subir passivement soit les effets externes répétés de l'action individuelle innocente des autres, soit de subir les effets externes cumulés des actions individuelles innocentes des autres. Autrement dit, tantôt on est exposé à la répétition *d'un même type* d'effet externe, comme quelqu'un qui, ne supportant pas la fumée du tabac, croiserait, en une journée, la route de dizaines de fumeurs. Tantôt on est exposé à *l'accumulation* d'effets externes, comme lorsqu'on aspire une bonne bouffée de particules de moteurs diesel. Dans des situations de ce type, non seulement on n'a guère de moyens pour obtenir que les fumeurs ou les diesélistes ne mettent pas un prix infini à leurs plaisirs intrinsèquement innocents, mais, surtout, quand bien même eût-on des moyens de négociation, qu'il nous faudrait, dans un cas, renégocier tout de nouveau toutes les dix minutes, dans le second cas négocier simultanément avec des dizaines de nuisants dont il nous faudrait plus d'une vie pour connaître le visage.

La règle qui veut que le nuisant oblique s'abstienne de continuer de nuire, si ses victimes le lui demandent en le compensant pour son renoncement, ne peut donc tout simplement pas être appliquée dans les conditions d'un état de nature,

chaque fois du moins que les parties ne sont pas placées dans
les circonstances du marchandage, c'est-à-dire chaque fois
que les moyens de marchander une compensation mesurée
manquent aux victimes ou que les coûts d'une transaction sont
sans mesure avec les ressources en temps et en connaissance
dont disposent les victimes. Si la Grande société n'était donc
qu'un vaste état de nature, la vie des sociétaires, au regard des
nuisances externes, ne serait peut-être pas « solitaire, besogneuse, pénible, quasi-animale et brève[1] ». Mais elle serait
au moins incommode, contaminée, comprimée, polluée et
rageante.

La conséquence philosophique générale que l'on peut
dès lors tirer de ces considérations, c'est que l'État doit,
en partie au moins, sa naissance aux Voisins, aux Héritiers,
aux Opportuns[2]. Autrement dit, c'est notamment parce que
chaque homme se sait être un VHO sans force et sans capacité
transactionnelle infinie que les hommes en viennent à
inventer l'État. Sans doute l'État n'est-il pas seulement la
force négociatrice et la capacité transactionnelle des VHO.
Mais ce que nous appellerons désormais *l'État des VHO* est ce
qui resterait, et ce qui resterait inévitablement, même si les
hommes étaient par ailleurs naturellement portés à soumettre
l'espace interne de leurs actions à la Justice. Car aussi juste que
soit mon action, le fait qu'elle s'accomplisse dans un Milieu
externe, le fait qu'elle ait une emprise personnelle externe et
que ses effets externes puissent se cumuler avec ceux des
actions similaires des autres empêchent qu'elle soit immu-
nisée contre la nuisance. Certes, dans un monde où les hommes
seraient naturellement portés à agir de manière juste, un monde

1. Hobbes, *Leviathan*, chap. XIII, trad. p. 125.
2. Désormais *VHO*.

dont les membres ne comprendraient tout simplement pas la conduite du Gygès de Platon[1], la plus grande circonspection sociale serait aussi de mise. Et, pour cette raison, beaucoup d'incommodités présentes ne se rencontreraient pas. Mais, à moins que ce monde juste et circonspect ne soit aussi régi par un Centre d'aiguillage social mondial, on y rencontrerait encore des embouteillages, de la pression démographique, de la pauvreté soudaine, des contaminations virales. L'État des VHO serait donc encore nécessaire.

L'État des VHO est donc le véritable État minimal. Il est le véritable État minimal, parce que son existence n'est pas conditionnée par un trait contingent de la nature humaine, à savoir que les hommes ont plutôt tendance à agir comme Gygès que comme Socrate chaque fois qu'ils en ont l'occasion. Même dans un monde juste et circonspect, il y aurait encore des nuisances externes. L'homme, du fait de vivre dans la Grande Société, est nécessairement un VHO. Pour que sa vie ne soit pas incommode, contaminée, comprimée, polluée et rageante[2], il a donc nécessairement besoin d'un organe artificiel et collectif, propre à lui permettre de surmonter sa faiblesse négociatrice et d'acquitter pour lui les coûts de

1. Qui profite de son anneau d'invisibilité pour commettre des méfaits focaux. *Cf.* Platon, *République*, 359b-360d, trad. É. Chambry, Paris, Les Belles Lettres, 1932, p. 52-53.

2. Dans l'état de nature, selon Hobbes, la vie des hommes est « solitaire, besogneuse, pénible, quasi-animale et brève ». Mais c'est que les hommes se conduisent spontanément comme Gygès. Or même s'ils se conduisaient tous comme Socrate et parvenaient grâce à cela à former une société mutuellement profitable sans le secours d'un État-Léviathan, leur vie serait encore incommode, contaminée, comprimée, polluée et rageante, faute d'un arrangement propre à les prémunir des nuisances externes qu'ils ne manqueraient pas, tout innocents qu'ils soient, de s'occasionner les uns aux autres. Ils auraient donc besoin de l'État des VHO.

transaction infiniment élevés induits par son exposition à l'emprise externe des actions innocentes de tous les autres. Même un peuple d'anges, dès lors que ceux-ci vivraient dans une Grande société, aurait encore besoin de l'État, du moins de cet État minimal qu'est l'État des VHO.

## MAUX PUBLICS, PATCHS ET COMPENSATIONS

Comment l'État des VHO fonctionne-t-il? Comment, grâce à lui, des maux sociaux aussi importants et caractérisés que l'exclusion économique, les menaces virales, la pollution de l'air, de l'eau et des sols, la congestion des milieux urbains, la pression démographique sur les ressources alimentaires, etc., qui sont des effets externes d'activités humaines et ne relèvent en rien de la Focalisation Perverse, peuvent-ils trouver leur remède?

Précisons bien la portée de notre question. Ce qui nous intéresse, c'est l'État des VHO et seulement lui. Mais l'État des VHO n'est pas une variété d'État empirique comparable à d'autres variétés d'États empiriques. L'État des VHO existe ou devrait exister au sein des États empiriques, tels qu'ils fonctionnent dans le monde présent. Les États empiriques sont en effet, d'un point de vue philosophique ou rationnel, un entremêlement de divers États rationnels ainsi que d'États non rationnels. C'est-à-dire que les États actuels servent à diverses fonctions, ont diverses raisons d'être, en même temps que tout leur être n'est pas intégralement fonctionnalisé ou rationnel. Certains auteurs décrivent l'esprit humain comme étant constitué de différents modules de traitement d'informations, en partie indépendants, mais capables néanmoins d'interagir[1]. De la même façon, on pourrait dire que l'État est une réalité modulaire, chaque module étatique étant comme un petit État qui pourrait être le tout de l'État si les aspects de la conduite et de la vie humaines qui rendent nécessaires les autres modules politiques ne se rencontraient pas[2].

Dans le cas présent, ce qui nous intéresse, c'est donc ce seul État modulaire qu'est l'État des VHO. En nous plaçant en pensée dans un état de nature qui ne comporterait d'autre défaut que d'exposer les hommes aux nuisances externes générées par les actions innocentes des autres, notre propos est de comprendre comment l'État des VHO pourrait remédier au défaut de cet état de nature et faire prévaloir la première loi de nature d'un monde humain ne connaissant d'autre Mal qu'externe : « Il faut interrompre ou modifier nos actions innocentes mais obliquement nuisibles, lorsqu'on nous compense pour cela[3] ».

1. J. Fodor, *La modularité de l'esprit*, trad. A. Gerschenfeld, Paris, Minuit, 1986.

2. L'État des VHO est un tel module politique. Un autre est l'État protecteur, l'État-Léviathan, qui protège les citoyens contre les injustices focales qu'ils peuvent subir des autres. Un troisième est l'État correcteur ou redistributeur, qui corrige par des redistributions variées les hasards de la naissance et des héritages. Ces trois modules étatiques sont le plus souvent tenus pour indispensables. On pourrait leur ajouter, quoique sa présence soit des plus facultatives, l'État paternel, qui guide les citoyens au mieux de leurs intérêts, qui leur prescrit ce qui est bon pour leur corps et pour leur âme. Dans la réalité empirique et même juridique des États, ces modules s'entremêlent, ne serait-ce que parce que les impôts qui sont l'aliment de ces différents modules sont prélevés indistinctement.

3. Rappelons qu'un état de nature est une situation stipulée à des fins d'expérience de pensée. On fixe donc son contenu comme on veut, du moins, selon ce qu'on veut étudier. Dans le cas présent, ce n'est pas l'État protecteur des hommes contre l'injustice des autres qu'il nous importe d'étudier, mais

L'élément crucial, pour comprendre la genèse rationnelle et le mode d'action de l'État des VHO, c'est de réaliser que la condition de VHO est une condition universelle. Nous sommes tous des Voisins, des Héritiers, des Opportuns, nous sommes tous exposés à l'emprise externe de l'action des autres du fait d'être leur Voisin, leur Héritier, leur Opportun. Tandis que l'on peut se mettre à l'abri des Gygès, que l'on peut, comme dit Hobbes, accumuler pouvoirs après pouvoirs, afin de tenter de se mettre en sécurité vis-à-vis de l'avenir, il n'est pas possible de cesser d'être le Voisin, l'Héritier ou l'Opportun de quelqu'un. Évidemment, on peut imaginer de réduire le plus possible cette exposition, mais ce sur quoi débouchera inévitablement cet exercice d'imagination, ce sera sur une sortie de la Grande société, un abandon de la Terre, une navigation solitaire et sans orbite dans l'espace interstellaire.

A cause de cette universelle exposition à la condition de VHO, à cause de cette *égalité* de tous les hommes dans la condition de VHO, il y a un intérêt convergeant à remédier à cette situation. Sans doute peut-on admettre que la condition de Voisin, d'Héritier ou d'Opportun est susceptible de degrés. Mais elle ne connaît pas de degré zéro : chacun est le Voisin, l'Héritier ou l'Opportun de quelqu'un, le plus riche comme le plus pauvre, le plus puissant comme le plus faible. Sans doute également ne sent-on pas toujours et au même degré à quels maux la condition de VHO nous expose. Les hommes du

l'État des VHO. On peut donc imaginer un état de nature qui n'aurait pas besoin de l'État-Leviathan, ni même d'un État correcteur ou redistributeur, un état de nature où les hommes ne commettraient pas d'injustices focales, un état de nature garanti sans Gygès. Dans ce monde juste et circonspect, on aurait toujours des VHO subissant les nuisances externes des autres, tout justes et circonspects soient-ils. Pour faire bref, nous parlerons de l'état de nature des VHO.

Néolithique, vivant en petits groupes dispersés et nomades, n'avaient pas besoin, n'auraient pas eu besoin de l'État des VHO. Mais nous, oui. C'est donc nous qui devons nous placer en pensée dans un état de nature, nous qui sentons l'inconfort de la condition de VHO. Et c'est nous qui devons nous demander : comment un État pourrait-il nous affranchir de cette condition ?

Pour le voir, il suffit d'identifier ce qui fait défaut à l'état de nature des VHO, un état qu'on peut imaginer constitué d'hommes justes et circonspects, mais vivant dans une Grande société et, à cause de cela, exposés à la condition de VHO. Qu'est-ce qui leur manque ? Qu'est-ce qui, tout justes et circonspects soient-ils, rend leur vie incommode, contaminée, comprimée, polluée et rageante ? C'est d'abord qu'ils n'ont pas accès à leurs bourreaux. Ils ne les connaissent pas ou ne peuvent les connaître tous. C'est ensuite qu'ils n'ont pas non plus de quoi les forcer à les entendre, de quoi les forcer à négocier. Ils sont transactionnellement pauvres et faibles. De quoi alors ont-ils besoin ? De richesse et de force transaction-nelles. S'il pouvait se faire que quelqu'un puisse parler simul-tanément à tous ceux qui les polluent, leur offrir de quoi renoncer à leurs pollutions et les menacer de représailles en cas de récalcitrance, leur vie serait moins incommode, moins contaminée, moins comprimée, moins polluée et moins rageante.

Un État peut-il faire cela ? Parler simultanément à tous les nuisants obliques et leur parler un langage capable de les persuader d'interrompre leurs nuisances ? Oui, un État peut faire cela. Un État peut réglementer les activités polluantes. Un État peut réglementer les naissances. Un État peut imposer la vaccination. Un État peut forcer les gens à se faire couper les cheveux. Un État peut censurer les publications. Un État peut être un Centre d'aiguillage social.

Le vrai problème est donc : comment un État peut-il ne pas en faire trop ? Comment peut-il rester dans les limites de la loi de nature en matière d'externalités : n'interdire ou ne restreindre d'innocentes mais nuisantes actions qu'à la condition d'offrir aux agents une compensation pour le renoncement qu'il leur impose ? Comment échapper au risque d'*internalisation répressive* des nuisances externes, autrement dit au risque de voir les nuisances externes assimilées à des nuisances internes et le diéséliste ou le fumeur réprimés comme des délinquants de l'espèce ordinaire ?

Précisément en distinguant nettement les deux fonctions qui sont dévolues à l'État sur la base du principe de non-nuisance ou en distinguant nettement l'État protecteur et l'État des VHO, qu'on pourrait aussi appeler *l'État entremetteur*. Si A nuit focalement à B, l'État est fondé à contraindre ou punir A sans plus de façons. Mais si A nuit obliquement à B, l'État n'est pas, immédiatement au moins, fondé à contraindre ou à punir A. Son rôle est plutôt de négocier pour le compte de B, d'offrir à A une compensation pour l'action innocente à laquelle B lui demande de renoncer.

Formellement les choses doivent se passer ainsi : B mandate l'État pour négocier. L'État parvient à un prix, puis propose à B s'il accepte de payer ce prix. Si B accepte de payer, alors cela veut dire ou implique de manière performative qu'il mandate l'État pour verser la compensation à A et pour veiller à ce que celui-ci, en échange, cesse son activité obliquement nuisible. Si, à l'inverse, B refuse de payer, alors cela veut dire ou implique de manière performative qu'il donne à A la permission de continuer de lui nuire.

Mais comment tout cela se passe-t-il concrètement? Comment l'État négocie-t-il avec des pollueurs? Comment négocie-t-il avec des couples procréativement intempérants? Comment négocie-t-il avec des contaminateurs viraux potentiels? Comment négocie-t-il avec des investisseurs? Ou avec des consommateurs? Et comment fixer le prix de tous ces renoncements?

On peut d'abord admettre qu'il n'est pas requis que l'État soit explicitement mandaté pour chercher une solution à *chaque* nouvelle nuisance externe. On peut admettre que son institution par les VHO enveloppe un mandat général de repérer les nuisances externes qui sont, par leur source autant que par leur diffusion, des *maux publics*, c'est-à-dire des maux auxquels tout le monde ou un grand nombre sont exposés et des maux dont personne ne peut, à son échelle individuelle, se protéger efficacement[1]. Les nuisances externes qui sont des maux publics sont simplement celles des nuisances externes auxquelles il ne peut être trouvé de remède « coasien ». L'État des VHO n'a donc pas besoin d'un mandat explicite renouvelé.

---

1. Le concept de mal public que nous introduisons ici est le dual du concept de bien public. La condition de non-rivalité (*non-rivalry*), constitutive des biens publics, prend la forme d'une exposition générale au « mal » : personne ne peut, en le « consommant », en priver les autres, comme ferait un bouc-émissaire. Quant à la condition de non-exclusion (*non-excludability*) qui est également constitutive des biens publics purs (par opposition aux biens de club), elle prend la forme, dans le cas d'un mal public, de l'impossibilité de se protéger efficacement ou à faible coût tout seul contre ce mal, ce qui, le plus souvent, résulte du fait que le « mal » est une externalité de cumulation. Il suit que le remède à un mal public est nécessairement un bien public. Sur la théorie des biens publics, *cf.* l'ouvrage précité de Cornes et Sandler.

Un mandat constitutif suffit, c'est-à-dire que c'est une mission constitutive de l'État des VHO de repérer les maux publics[1].

Comment l'État s'y prend-il ensuite pour négocier avec les nuisants externes le prix du renoncement à leur activité innocente ? Un instant de réflexion suffit à faire voir que l'État peut ne pas avoir besoin de négocier, au sens strict du terme, c'est-à-dire de faire des offres aux pollueurs innocents, puis d'attendre leur contre-offre, et ainsi de suite. Pourquoi en effet la compensation à verser à un pollueur innocent doit-elle être négociée ? Pour éviter qu'elle ne soit arbitraire ou à l'avantage exclusif des victimes. Si aucune condition n'était mise sur la compensation à verser, s'il suffisait d'avoir versé quelque chose à quelqu'un pour être fondé à exiger de lui qu'il renonce à son activité innocente mais nuisante, les pollueurs seraient opprimés par les pollués : ceux-ci fourniraient un minimum et pourraient exiger des premiers qu'ils renoncent à un maximum. Par exemple on verserait un euro à quelqu'un dont la simple existence serait perçue comme une source de nuisance externe et on lui demanderait de bien vouloir cesser d'exister. Comme nous l'avons vu précédemment, compenser équitablement quelqu'un pour le renoncement qu'on lui impose, c'est lui payer le prix de son renoncement, c'est-à-dire le bénéfice ou l'utilité auxquels il renonce en mettant un terme à son activité innocente mais latéralement nuisante. Si cette activité, c'est simplement d'exister, le coût d'opportunité du renoncement est infiniment élevé. Mais si cette activité, c'est de jeter

---

1. Évidemment l'État peut se tromper. Mais, s'il se trompe, cela se manifestera par le fait que ceux qu'il croit être les victimes d'une nuisance externe publique ne seront pas disposés à payer. Ajoutons que si l'État est démocratique, les risques d'erreur seront limités : l'État n'aura qu'à prêter l'oreille aux voix des victimes, voix électorales ou voix participatives.

ses papiers par terre, il ne paraît pas que le coût du renoncement à cette pratique soit infini et difficile à évaluer : c'est le coût d'un ensemble de poubelles publiques en nombre suffisant, joint à un dispositif technique ou humain pour les vider, mais aussi pour collecter les amendes imposées à ceux qui persévèrent dans leur activité innocente en dépit du dense réseau de poubelles publiques mis à leur disposition.

Cet exemple suggère qu'il y a deux grands cas de figure lorsqu'il s'agit, pour l'État des VHO, de déterminer le prix du renoncement à une activité innocente génératrice de maux publics externes. Parfois, il n'est tout simplement pas nécessaire d'exiger du pollueur innocent de renoncer à son activité polluante. Il peut suffire de lui fournir un *patch immunisateur*. Ce patch, si notre raisonnement général est correct, doit être payé par les pollués[1]. Des exemples de patch immunisateurs de ce genre sont : des vaccins, des dispositifs anti-pollution, des poubelles, des compensations économiques en cas de désopportunités massives. Parfois, en revanche, il n'y a pas moyen d'immuniser l'activité innocente contre les nuisances externes qu'elle génère. Il faut obtenir que le pollueur innocent cesse son activité et il s'agit alors de le compenser pour la *perte d'utilité* qu'on lui inflige, comme lorsque tout un village demande à un barde de cesser de chanter chaque fois qu'une fête publique est organisée.

Dans le premier type de cas, le prix à payer pour immuniser l'action innocente d'autrui contre les nuisances qu'elle génère est relativement aisé à déterminer : la production d'un patch immunisateur a un coût économique que l'État des VHO doit pouvoir déterminer. Par exemple, on peut savoir combien

---

1. Qui, bien évidemment, peuvent aussi faire partie des pollueurs, en cas d'externalité de cumulation ou d'émergence.

coûte un vaccin ou un pot d'échappement catalytique. Plus délicat en revanche est le cas où il s'agit d'évaluer l'utilité dont on demande au nuisant oblique de se priver : que faut-il offrir à Assurancetourix pour qu'il ne chante plus ? Que faut-il offrir à une entreprise pour qu'elle ne délocalise pas ? Et lorsque l'utilité subjective entre en compte, n'y a-t-il pas un risque d'ascension aux extrêmes, d'élévation fanatique du prix du renoncement ?

Il est sans doute possible de réduire ici la difficulté. Considérons cette activité innocente mais nuisante qu'est la conduite automobile. On peut imaginer d'offrir aux automobilistes un patch anti-pollution. Mais on pourrait aussi imaginer une solution plus radicale : mettre un terme à la circulation automobile. Or, dans ce cas, comment déterminerait-on le prix du renoncement ? En évaluant le bénéfice *économique* de la circulation automobile, son bénéfice moyen général ou son bénéfice moyen par catégorie d'automobilistes. Il est clair que, dans les conditions contemporaines de la vie humaine, ce chiffre serait astronomique, de sorte qu'aucun pollué ne serait disposé à payer ce prix [1]. Mais ce qui importe est qu'il y a là une méthode pour déterminer le prix du renoncement : dès que l'activité innocente mais nuisante d'autrui possède une utilité économique, une utilité mesurable ou objectivable en termes économiques, il est possible, au moins en théorie, d'estimer, sur une base objective, le prix du renoncement. Le prix du renoncement, c'est simplement l'utilité perdue, l'utilité à laquelle le pollueur innocent doit renoncer. Si une entreprise

---

1. Aussi irrationnel cet entêtement peut-il paraître si on l'analyse, à la suite d'I. Illich, en termes de logique du détour : *cf.* I. Illich, *Énergie et équité*, Paris, Seuil, 1975 [2] et J.-P. Dupuy, *Pour un catastrophisme éclairé*, Paris, Seuil, 2002, chap. 2.

entend délocaliser ses activités et que cette délocalisation innocente génère des effets externes de désopportunité particulièrement importants, il est possible d'estimer ce que serait pour l'entreprise le bénéfice de cette délocalisation et partant de fixer le prix de la compensation qu'il faut lui verser pour lui *interdire* de délocaliser.

Le problème semble en revanche beaucoup plus délicat à résoudre lorsqu'on a affaire à des actions innocentes mais nuisantes qui n'ont qu'une utilité subjective, comme de chanter lors des fêtes du village ou de fumer le cigare. Ici est sans doute la croix de l'État des VHO. Car c'est ici que la tentation de traiter les nuisances externes comme des nuisances focales est la plus grande. Pourquoi ne pas tout simplement bâillonner le barde ? Ou interdire la vente du tabac et punir son usage ? Évidemment, l'État des VHO, pour rester dans les limites de la loi de nature en matière de nuisances externes, doit s'interdire cette facilité. Si tout un village voit sa vie énervée à cause d'un barde, cela ne suffit pas à autoriser l'État à interdire au barde de chanter [1]. L'État doit offrir une compensation au barde, il doit lui payer le prix de son renoncement et à ce moment là seulement il sera fondé à le

---

[1]. On voit que la situation s'apparente au problème des « préférences externes », que l'utilitarisme a tant de mal à évacuer de ses recommandations pratiques. Si la grande majorité des habitants du pays des Dormeurs dorsaux ne peut supporter de voir un certain Anatole dormir sur le ventre, ne faut-il pas, au nom du principe de maximisation du bonheur du plus grand nombre, interdire à Anatole de dormir sur le ventre ? Le principe que nous proposons résout le problème des préférences externes : si les habitants du pays des Dormeurs dorsaux veulent qu'Anatole dorme sur le dos, plus exactement s'ils veulent obtenir le droit de contraindre Anatole à dormir sur le dos, ils doivent mettre la main à la poche et le payer, donc faire décroître, par ailleurs, leur bien-être.

bâillonner si, après avoir touché ce prix, le barde s'entête à continuer de chanter.

Mais comment déterminer ce prix, dans le cas où une simple utilité subjective est en jeu ? L'État va-t-il demander au barde quel prix il exige pour ne plus chanter ? Et ce prix n'aura-t-il pas alors de fortes chances d'être infini ? Le barde ne va-t-il pas, ce faisant, se muer en racketteur ?

Cette menace de racket est enveloppée dans toute situation de négociation où l'une des parties possède un plus grand intérêt que l'autre à aboutir à un accord et ne possède pas de moyens de rétorsion ou de pouvoir de menace. La menace de racket plane donc sur l'éthique des nuisances externes : si le pollueur innocent ne peut être contraint de cesser de polluer qu'à la condition qu'il soit compensé pour son renoncement et si cette compensation n'est juste que si elle rend le pollueur indifférent entre continuer de polluer et cesser de le faire, le pollueur semble disposer d'un avantage structurel dans le marchandage, chaque fois du moins qu'un étalon objectif ne peut être brandi pour déterminer l'utilité à laquelle on lui demande de renoncer.

Nous avons vu précédemment toutefois que les situations qui se prêtent le plus aisément à des solutions « coasiennes » sont celles où, non seulement les coûts de transaction sont faibles ou nuls, mais où, en outre, les pollués disposent de pouvoirs de rétorsion propres non seulement à amener le pollueur à négocier, mais aussi à ne pas mettre un prix infini à son renoncement. Or qu'est-ce que l'État des VHO sinon un correctif artificiel aux situations qui ne sont pas naturellement accessibles à des solutions « coasiennes » ? L'État est un remède aux coûts de transaction trop élevés. Mais il doit aussi être un remède à l'impuissance ou à la faiblesse négociatrice des victimes d'externalités négatives. Il peut forcer les pollueurs à faire ce que la loi de nature leur impose : accepter de négocier un renoncement à leur activité innocente si un Voisin, un Héritier ou un Opportun le leur demande. Mais il doit aussi offrir un remède à la faiblesse négociatrice des VHO : sans cela le moindre barde, quoique forcé par l'État des VHO à négocier, pourrait racketter les pollués.

Considérons dès lors la situation suivante. Nous sommes un barde et aimons chanter lors des fêtes de village. Mais nos voisins de village souffrent de nos chants. Ils sont prêts à nous dédommager pour que nous ne chantions plus, chacun payant sa part et le tout arrivant dans notre poche. Si nous aimons fanatiquement chanter, l'appel de l'Or ne nous fera aucun effet. Mais nous renoncerons certainement à notre fanatisme si l'on nous menace du bâillon dans le cas où n'accepterions pas de négocier notre silence. Si le choix est : le bâillon ou l'Or, nous choisirons l'Or, sauf à vouloir pousser notre fanatisme jusqu'au martyr. Mais comment faire maintenant pour que nous ne réclamions pas tout l'Or du village ? Il y a sans doute un prix au delà duquel les villageois préfèreront renoncer à leurs fêtes plutôt que de nous payer. Mais supposons que les gens de ce village ne puissent pas ne pas se réunir régulièrement pour faire la fête. Ils font régulièrement la fête comme d'autres mangent ou dorment. Cette fois le barde est en position de racket : il est forcé à négocier, certes, mais s'il n'est pas contraint sur le prix qu'il peut demander, alors, compte tenu de la faiblesse négociatrice des villageois, il peut demander le maximum, il peut racketter les villageois.

Il faut donc que l'État des VHO s'en mêle à nouveau. On ne peut seulement lui avoir donné mission de forcer les pollueurs innocents à négocier. On doit aussi lui avoir donné pour mission de protéger les VHO contre le racket des pollueurs. Que fera alors l'État des VHO ? Il n'y a clairement pas d'autre solution à une situation aussi inextricable que de reconnaître à l'État des VHO le pouvoir de fixer lui-même la compensation. S'il laisse en effet le barde faire des offres, celui-ci demandera le maximum et, vraisemblablement les villageois refuseront de payer, ce qui reviendra à donner au barde la permission de leur nuire en chantant. L'État des VHO ne peut donc que prendre les choses en mains : il offre une compensation non négociée au barde et obtient ainsi, pour le compte des villageois, le droit de le contraindre à ne plus chanter.

Cette solution, objectera-t-on, n'est-elle pas totalement arbitraire ? N'a-t-on pas rétabli l'oppression des pollueurs par les pollués, les seconds offrant le minimum et obtenant ainsi le droit de contraindre les premiers à renoncer à leurs activités innocentes mais nuisantes ?

Mais qui a dit que l'État des VHO offrira au barde le minimum ? Quel intérêt aurait-il à le faire ? Ce n'est pas l'État des VHO qui paye : aucun État rationnel n'a de ressources propres. Ce sont les villageois qui payent, *via* leurs impôts, *via* la part de leurs impôts qui va à l'État des VHO. Or si l'État des VHO est institué par ces derniers pour remédier à leur faiblesse ou à leur impuissance transactionnelles, il n'est pas institué pour défendre leurs intérêts patrimoniaux, mais pour veiller à la justice en matière de nuisances externes. Or quand on dit que l'État est l'État des VHO, on entend évidemment souligner que c'est la condition de VHO qui motive son institution. Mais si tout homme est le VHO de quelqu'un, il est aussi, et parfois sous le même rapport, le pollueur innocent des autres. L'État des VHO ne peut donc comporter un biais en faveur des intérêts des VHO : il est institué pour remédier à leur faiblesse transactionnelle, certes, mais les VHO ne peuvent lui avoir donné licence pour opprimer les pollueurs innocents, dès lors qu'ils sont eux-mêmes, à de certains moments de leur vie dans la Grande Société, autant pollueurs que pollués.

Pour mieux apprécier la solution que nous proposons, oublions notre barde et venons à une situation plus réaliste. L'État peut juger, sur la base d'expertises, mais aussi de témoignages et de revendications, que l'usage du tabac dans des lieux publics génère des nuisances externes qui sont des maux publics. Les fumeurs ne fument certes pas *pour* enfumer leurs voisins : ils ne sont pas des Focaliseurs Pervers. Mais ils fument innocemment *et* enfument leurs voisins. Que doit faire l'État si, du moins, il veut se conformer à la loi de nature en matière de nuisances externes, à savoir : n'imposer le renoncement à une activité innocente mais nuisante qu'à la condition que les victimes aient compensé les pollueurs pour cela ? La réponse est simple : l'État sera fondé à interdire aux fumeurs de se livrer à leur innocente activité dans des lieux publics si et seulement s'il les compense pour cela et les compense avec les deniers des victimes.

Qu'est-ce que cela peut signifier ? A notre sens ceci : que l'État des VHO n'est fondé à interdire l'usage du tabac dans les lieux publics que s'il *baisse* le prix des cigarettes, plus exactement s'il baisse la part du prix des cigarettes qui est constitué par les *taxes* sur le tabac. Cette mesure offre en effet une compensation aux fumeurs et une compensation qui est acquittée par les victimes, puisqu'ils doivent payer, par ailleurs, un surcroît d'impôts [1].

---

1. Évidemment les fumeurs sont aussi touchés par cette mesure : mais on peut admettre que le gain qu'ils obtiennent du fait de la baisse du prix du tabac est plus élevé que la part d'impôt supplémentaire qu'ils doivent, comme tout le monde, acquitter. Comme nous le redirons un peu plus loin, l'essence de l'État des VHO est la socialisation du coût de la lutte contre les nuisances externes.

De combien doit être cette baisse ? Il n'y a évidemment pas de réponse rationnelle ou déductive possible à une question pareille. Au niveau de généralité où nous nous situons, il est impossible de le savoir, de même qu'il est impossible de savoir ce qu'il faut exactement donner au barde pour avoir le droit de le contraindre à ne plus chanter. On doit s'en remettre à l'équité de l'État des VHO. Mais ce qui est essentiel pour notre objet, c'est le principe de la solution, c'est la reconnaissance de ce qu'impose la loi de nature en matière de nuisances externes lorsque la seule chose à compenser, c'est l'utilité subjective du pollueur innocent. Pour éviter de transformer un tel pollueur innocent en racketteur, il faut que l'État des VHO prenne sur lui de fixer la compensation. Mais si le montant de cette compensation ne peut être *a priori* déterminé, il est en revanche fondamental de marquer qu'elle doit être fixée et versée. Si l'État ne verse pas une indemnité au barde chaque jour de fête ou s'il ne baisse pas le prix du tabac, il n'est pas autorisé par la loi de nature en matière d'externalités négatives à contraindre le barde à ne pas chanter ou à mettre les fumeurs à l'amende s'ils fument dans des lieux publics [1]. Toute répression non conditionnée par une compensation violerait la loi de nature en matière de nuisances externes. L'État-Léviathan agirait en lieu et place de l'État des VHO : il transformerait des pollueurs innocents en délinquants de l'espèce ordinaire.

---

1. Cette conséquence horrifiera les tenants de l'État paternel. S'il était aussi nécessaire que l'État soit paternel qu'entremetteur, il y aurait une certaine tension entre modules étatiques. Mais on peut parfaitement se passer de l'État paternel. Mieux : l'État n'a pas à être paternel. Il a d'ailleurs bien assez à faire à être protecteur, redistributeur et entremetteur.

### ACHETER LE DROIT DE CONTRAINDRE :
#### PHILOSOPHIE MODULAIRE DE L'IMPÔT

Cette conséquence, baisser le prix du tabac pour obtenir le droit d'interdire aux fumeurs de fumer dans les lieux publics, sera très certainement jugée hautement paradoxale. Elle est pourtant une bonne image de ce que devrait faire un pur État des VHO, un pur État entremetteur, si le module de l'État paternel ou, simplement, celui de l'État-Léviathan ne venaient pas, dans la conscience commune, en altérer le concept pur.

Pour mieux jauger ce que nous proposons d'associer à ce concept d'État des VHO, récapitulons ce qu'il nous est apparu qu'un tel État pouvait et devait faire pour remédier à la faiblesse ou à l'impuissance transactionnelles des VHO.

(1) Parce qu'il est l'État, parce qu'il peut parler à tous et imposer ses décisions à tous, il est équipé pour remédier aux coûts de transaction élevés que les victimes de beaucoup de nuisances externes devraient acquitter pour transiger de manière « coasienne » avec la pléthore de leurs pollueurs innocents.

(2) Parce qu'il est l'État, parce qu'il dispose de la vision synoptique et des canaux d'information de l'État, il peut également, sans avoir besoin d'être explicitement mandaté pour cela, repérer celles des actions innocentes des sociétaires qui génèrent des nuisances externes qui sont des maux publics.

(3) Mais parce qu'il n'est que l'État des VHO, et non pas l'État-Léviathan, parce qu'il est soumis à la loi de nature en matière de nuisances externes, il ne peut se donner la facilité de réprimer sans plus de façon les pollueurs innocents. Il doit fixer le prix du droit de contraindre. Il doit déterminer ce que les pollués doivent offrir aux pollueurs innocents pour être

fondé, lui l'État, à contraindre en leur nom les pollueurs à renoncer à leurs actions innocentes, mais nuisantes.

De ce point de vue, nous avons vu que l'on pouvait distinguer deux grands cas de figure, qui dépendent évidemment de la nature des actions nuisantes.

(3.1) Il est toute une classe d'actions innocentes mais nuisantes qu'il est possible d'immuniser contre la production de nuisances externes sans qu'il soit nécessaire d'imposer à l'agent innocent de renoncer à son action elle-même. Il suffit de fournir à l'agent un patch immunisateur, un patch qui tantôt annule la nuisance (un vaccin), tantôt la fait baisser en deçà d'un seuil critique (dispositifs techniques anti-pollution). Et l'on peut évidemment admettre que chaque fois que l'immunisation est possible, elle est moralement préférable au renoncement pur et simple à l'action innocente.

(3.2) Mais il restera toujours une classe d'actions innocentes qui sont intrinsèquement nuisantes[1], c'est-à-dire qui ne peuvent pas être immunisées contre la production d'effets externes négatifs au moyen d'un patch adapté. Dans ce type de cas, il faut fixer le prix du renoncement que l'on entend imposer au nuisant oblique. Et pour être juste, ce prix doit être aussi proche que possible de l'utilité à laquelle on demande au nuisant oblique de renoncer.

Or, là encore, nous avons distingué deux cas :

(3.2.1) Pour un nombre important d'actions, cette utilité peut être estimée de manière objective : elle est simplement égale au gain ou bénéfice économiques de l'action pour

---

1. Ce caractère intrinsèque n'exclut pas que la nocivité de l'action ne se révèle ou ne s'actualise que dans certains contextes. Une entreprise peut délocaliser ses activités sans que cela ne crée des effets de désopportunité intolérables ou massifs. Mais dans un autre contexte, cela pourra être le cas.

l'agent. Une firme qui entend délocaliser son activité en attend un certain gain. Un « cerveau » qui entend s'expatrier en attend un certain gain. Mais aussi bien un candidat non qualifié à l'immigration. Dans les cas de ce genre, le prix du renoncement peut être estimé de manière objective, ce qui ne veut pas dire, bien sûr, qu'il peut être connu de manière exacte, ne serait-ce que parce que le succès d'actions de ce type est exposé à divers aléas.

(3.2.2) Mais il peut toutefois exister une petite classe d'actions résiduelles pour lesquelles une telle estimation objective du prix à payer pour contraindre l'agent innocent à y renoncer n'est pas possible. Ce sont des actions qui se révèlent génératrices de maux publics, mais ne procurent à l'agent qu'une utilité subjective, c'est-à-dire une satisfaction intime qui accompagne l'exercice de l'action. Pour ces cas un peu délicats, mais somme toute marginaux, ce que la loi de nature impose, c'est d'offrir une compensation à l'agent, sans que le montant de cette compensation ne puisse être fixé de manière objective. L'essentiel est toutefois que le jouisseur innocent ne soit pas traité comme un délinquant de l'espèce ordinaire, que sa jouissance socialement nuisible ne soit pas criminalisée, que le renoncement qu'on lui impose soit monnayé.

Voilà donc l'arsenal de moyens dont l'État des VHO dispose pour faire face aux effets externes négatifs qui, par leur ampleur, ne peuvent être endigués par des arrangements de gré à gré ou simplement supportés au titre des inévitables incommodités de la vie sociale :

– L'État des VHO peut imposer aux pollueurs innocents d'appliquer un patch immunisateur à leur action ;

– Ou bien il peut leur imposer de renoncer à leur action, moyennant le versement d'une compensation correspondant, autant que faire se peut, à la perte d'utilité que cette renonciation leur inflige.

On dira peut-être : mais si l'État *impose* des restrictions ou des renoncements aux sociétaires, en quoi se distingue-t-il de l'État-Léviathan ? Poser une telle question serait oublier que la loi de nature en matière de nuisances externes n'est pas coulante. La justice, en matière de nuisances externes, ce n'est pas le permis de nuire : je *dois* cesser mon action innocente ou la corriger, si celle-ci se révèle obliquement nuisible *et* que mes victimes me compensent pour cela.

La différence entre l'État des VHO et l'État-Léviathan n'est donc pas dans la contrainte : tout État est une puissance de contrainte et c'est même pour cela qu'on l'invente. La différence réside dans le fait que le droit de contrainte a un prix et un prix qui doit être acquitté par les victimes, ce qui, compte tenu du caractère public du mal, signifie tous les sociétaires. Les voyageurs doivent se vacciner, mais c'est à la condition que ce vaccin soit payé par les sociétaires. Un cerveau doit rester au pays, mais c'est à la condition que ses concitoyens lui versent ce qu'il aurait gagné en s'expatriant[1]. Une usine de pâte à papier doit s'équiper de dispositifs de filtrage de ses rejets d'eaux usées, mais c'est à la condition qu'on lui paye ce patch immunisateur, qu'elle puisse, par exemple, en soustraire le montant des impôts qu'elle doit par ailleurs acquitter.

---

1. Si l'on admet toutefois que la liberté d'émigrer est un droit humain, la compensation à verser devrait être infinie. Sur le problème éthique complexe soulevé par la fuite des cerveaux, nous nous permettons de renvoyer à notre article « Que nous devons-nous les uns aux autres ? Le cas de la "fuite des cerveaux" », *Revue philosophique de Louvain*, vol. 106, n°4, 2008, p. 771-796. *Cf.* également Speranta Dumitru, « L'éthique du débat sur la fuite des cerveaux », *Revue européenne des migrations internationales*, vol. 25, n°1, 2009, p. 119-135.

Nous trouvons donc ainsi à répondre à la question que nous posions un peu plus haut : comment l'État des VHO, après avoir fixé le prix du renoncement aux activités nuisantes, sait-il que les pollués, pour le compte desquels il agit, sont disposés à payer ce prix et à donner à l'État le droit de contraindre les pollueurs ? La réponse est tout simplement dans le consentement à l'impôt. Les nuisants obliques que l'État des VHO a repérés se voient interdire de continuer de nuire ou, à l'inverse, reçoivent un permis de nuire selon que les sociétaires consentent ou non au surcroît d'impôts et de taxes que l'État des VHO leur propose de payer.

Il est certain que, lorsqu'on confronte cette conclusion à ce qui se passe dans les États empiriques réels, on peut douter que le consentement à l'impôt soit un bon critère ou un bon marqueur du droit de contrainte en matière de nuisances externes. La raison en est que les État empiriques réels comportent, nous l'avons dit, plusieurs modules étatiques. Or, pour l'essentiel, les impôts et les taxes, qui sont le principal aliment de ces modules étatiques, ne sont pas prélevés d'une manière qui permette au contribuable d'identifier quel module étatique il finance. Il n'y a pas un impôt pour l'État-Léviathan, un impôt pour l'État correcteur, un impôt pour l'État des VHO, mais uniquement des impôts distingués par leur assiette, et non par leur destination [1].

---

1. Distinguant ce qu'il appelle les « sept impôts libéraux », Serge-Christophe Kolm suggère une « gestion institutionnellement séparée des diverses dépenses et des recettes qu'elles justifient » au motif que « la seule publicité de ces raisons d'impôts et des affectations aux dépenses correspondantes améliore la connaissance et la compréhension du citoyen, sa surveillance de la bureaucratie publique – ce qui est essentiel à la démocratie –, son adhésion à une fiscalité dont il connaît et comprend les raisons et les emplois. » *Le contrat social libéral*, Paris, P.U.F., 1985, p. 214-215. Dans le même esprit,

Cette situation contingente, qu'aucune raison technique n'impose[1], ne saurait toutefois condamner la solution de principe que nous avons dégagée : partout où les actions innocentes des hommes génèrent des effets externes négatifs qui ont l'ampleur de maux publics, l'État des VHO doit proposer aux sociétaires de payer une compensation pour être protégés de ces nuisances externes. Si les sociétaires consentent à ce surcroît d'impôt, ils autorisent par là même l'État à contraindre les nuisants obliques à ne plus générer ces nuisances ou à abaisser leur seuil, soit en s'équipant de patchs immunisateurs que l'État leur paye[2], soit en renonçant en tout ou en partie à leurs actions innocentes, moyennant le versement par l'État d'une due compensation.

## QUELQUES APPLICATIONS

Concrètement, cela nous mènerait à quoi ? Voyons-le en reprenant les distinctions que nous avons proposées dans le chapitre 2.

---

John Rawls, à la suite de R. A. Musgrave, propose, dans un chapitre de sa *Théorie de la justice*, de distinguer quatre « Départements » gouvernementaux, le Département des allocations, celui de la stabilisation, celui des transferts sociaux et celui de la répartition, chacun prélevant ou pouvant prélever des impôts spécifiques correspondant à ses missions (*Théorie de la justice*, trad. C. Audard, Paris, Le Seuil, 1987, § 45, p. 315 *sq.*).

1. Il n'est pas douteux que le principe de non affectation des recettes aux dépenses du droit budgétaire français n'a aucune justification normative. Il permet bien plutôt, en dissimulant au citoyen la destination de ses impôts, de faire disparaître un motif de contestation de l'impôt.

2. Ou, plus vraisemblablement, pour lesquels il leur octroie des réductions d'impôts.

### Externalités de voisinage

Soit d'abord la condition de Voisin. C'est là, dans la Grande Société d'aujourd'hui, une condition à laquelle nul n'échappe. Tout homme est un Voisin et tout homme est pour cela exposé à subir des effets externes négatifs de voisinage. C'est là, en conséquence, un motif réellement universel, réellement consensuel d'association politique. On s'associe, non pour se mettre à couvert du voisinage, mais pour se mettre à couvert des maux publics de voisinage [1].

Les États contemporains ne sont pas indifférents au sort des Voisins. Ils édictent notamment des réglementations anti-pollution. Mais un frein à l'adoption de réglementations exigeantes est le coût économique de ces réglementations pour ceux auxquels elles sont imposées. L'industriel visé par ces réglementations doit s'équiper à ses frais. A cause de cela, les réglementations sont coulantes : car l'industriel est aussi un employeur. Ou il est un lobbyiste efficace.

Mais imaginons que toutes les dépenses de dépollution de l'industriel puissent lui valoir des réductions d'impôts correspondantes, réductions compensées par l'introduction de taxes *sur la consommation* des produits des industries pol-luantes, sur le principe des « taxes carbone ». A choisir entre l'impôt et la dépollution, l'industriel pourrait être hésitant. Mais s'il était contraint de dépolluer, compte tenu des possi-bilités techniques existantes, aurait-il le loisir d'hésiter ? Et s'il y avait ainsi un marché garanti pour les patchs anti-pollution les plus innovants, n'y aurait-il pas aussi un incitant à en

1. Nous n'affirmons pas, bien sûr, que c'est le seul motif d'association politique. Mais c'est un motif non contingent, et un motif qui est presque toujours occulté par les motifs jugés plus nobles de la protection et de la solidarité collectives, de la sécurité et de la justice.

fournir? Les sociétaires payeraient donc, via leurs propres
impôts ou taxes sur la consommation, l'air pur auxquels ils
tiennent. Ils seraient, du moins, mis en demeure de vérifier la
force de leur désir d'air pur. Ils devraient par exemple peut-être
moins manger pour mieux respirer. Où serait le drame s'ils
devaient être responsables de leurs préférences et, à cause
de cela, s'ils devaient faire des arbitrages et des hiérarchies
entre elles?

Mais où serait, dira-t-on, l'incitant à fournir des patchs au
moindre prix? Si l'industriel répercute le coût de sa dépollution en baisse d'impôts, pourquoi chercherait-il à dépolluer à
moindre coût? N'y aurait-il pas alors une occasion de racket de
la part des producteurs de patchs? Ce serait le cas si l'industriel
pouvait décider de sa réduction d'impôt. Mais ce ne serait pas
le cas si sa réduction était calculée, non sur la base du coût
effectivement acquitté, mais sur la base de celui qui aurait pu
être acquitté en acquérant le patch le moins cher sur le
marché[1].

Cette solution, faire payer par les sociétaires le coût
des patchs dont l'État force les nuisants obliques à s'équiper,
est d'application générale. Soit que les patchs soient fournis
gratuitement, mais obligatoirement (vaccins obligatoires),
soit que leur coût soit récupéré par le moyen de réductions
d'impôts (dispositifs anti-pollution), le procédé est applicable
à toutes les actions innocentes qui génèrent, par effluence ou
même par publicité, des nuisances externes de voisinage qui se
révèlent être des maux publics.

---

1. Si le marché des patchs est ouvert, les prix n'auront pas de raison de ne
pas baisser. Et il y aurait un incitant social puissant à l'ouverture de ces
marchés, puisque le coût final des patchs serait payé par les sociétaires, sous
forme de taxes ajustées au coût moyen ou au coût minimal des patchs.

Considérons un cas controversé : supposons que la population d'une certaine ville juge, dans sa grande majorité, que les prières accomplies dans la rue par les adeptes d'un certain culte constitue, en quelque façon, une nuisance de voisinage. La loi de nature en matière de nuisance externe interdit de simplement interdire aux adeptes de ce culte de prier dans la rue. Mais elle permet de le faire à condition d'offrir, à ceux dont la pratique religieuse est considérée comme une nuisance oblique, de quoi placer autour de leur pratique une manière de cape d'invisibilité. Une telle cape, dans le cas qui nous occupe, s'appelle un lieu de culte et il suit que la population de cette ville devra acquitter un surcroît d'impôts locaux afin d'offrir aux adeptes innocents de ce culte nouveau un lieu de culte adapté à leur nombre.

Ce dernier exemple illustre le cas complexe mais tout à fait ordinaire où une action que l'on juge non seulement intrinsèquement innocente, mais encore indispensable ou essentielle à un être humain, génère une nuisance externe. L'innocence, jointe à l'essentialité, interdit de réfléchir aux compensations qu'il faudrait offrir pour interdire l'activité en question. Prier, se déplacer, se reproduire, penser et publier ses pensées, tout cela peut certes générer obliquement des effets externes négatifs, mais l'importance, la valeur de l'action en question pour l'agent humain ne peut faire envisager son interdiction pure et simple. Cependant, on peut obliger les gens à prier dans un lieu de culte privé. On peut les obliger à se déplacer dans des véhicules moins polluants ou en respectant des frontières. On peut les obliger à limiter leur descendance. On peut les obliger à réduire la diffusion de leurs pensées. On peut faire tout cela, du moins l'État des VHO peut le faire. Mais il ne peut faire tout cela comme le ferait un État-Léviathan traquant les délinquants. Car un dévot des rues n'est pas un délinquant. Ni un conducteur de Hummer ou un immigrant. Ni un couple à grande descendance. Ni un pornographe. Mais, aussi bien, chacun d'entre eux est tenu par la loi de nature à entendre la voix des VHO. Il est innocent certes et exerce une action qui représente un droit essentiel, mais il vit dans la Grande Société, il doit être prêt à entendre les demandes de restrictions et les offres de compensation de ses Voisins. C'est alors à l'État des VHO de s'entremettre, de lever, auprès des Voisins, des fonds pour fournir un lieu de culte au dévot des rues, pour aider financièrement le conducteur de Hummer à s'équiper d'un dispositif anti-pollution, pour compenser le migrant potentiel pour la migration qu'on lui refuse[1], pour verser aux couples féconds, dans les pays où une restriction de la démographie est unanimement souhaitée, des allocations qu'on pourrait appeler *défamiliales*[2], pour fournir au pornographe une compensation pour le manque à gagner induit par les restrictions à la diffusion ou à l'affichage de ses œuvres pornographiques[3]. Partout, la logique est la même : si les Voisins souhaitent unanimement être mis à couvert de certains effets externes, ils doivent accepter de payer le coût social de ce bien public qu'est la suppression ou la réduction des externalités négatives.

---

1. Que le migrant soit un cerveau qui entend émigrer ou un immigrant à qui l'on interdit d'entrer.

2. C'est-à-dire des allocations que l'on commence à toucher au premier enfant et que l'on *cesse* de toucher au delà d'un nombre déterminé d'enfants. Ou, plus drastiquement, des allocations que l'on touche quand on n'a pas d'enfants et qui baissent à mesure que l'on en fait.

3. Par exemple en diminuant le taux de TVA sur les œuvres pornographiques.

*Externalités d'héritage*

Comment cette solution générale, que résume le principe pollué-payeur peut-elle s'appliquer aux externalités d'héritage ? S'il faut me payer pour que je ne souille plus les plages ou que je ne dégrade pas les eco-systèmes, qui va me payer ? Comment les lointaines victimes des effets externes de mon utilisation innocente de certaines choses communes pourraient-elles me contraindre à me restreindre en me versant une compensation appropriée ?

Nous touchons ici au problème principal de toute éthique intergénérationnelle ou, plus exactement, de toute éthique intergénérationnelle *descendante*, allant du présent vers l'avenir[1]. Non seulement il faut déterminer ce qu'une génération doit à la suivante sans pouvoir compter sur les avis à ce sujet de la génération future, mais il faut également déterminer comment une génération peut être conduite à donner son dû à la suivante, sans que cette dernière puisse exercer une quelconque pression pour l'obtenir. Autrement dit, la relation intergénérationnelle descendante est essentiellement caractérisée par une double asymétrie : une asymétrie de décision et une asymétrie de pouvoir. Asymétrie de décision parce que la génération présente est seule à pouvoir décider de ce qu'elle

---

1. Il y a en réalité un problème plus redoutable que celui que nous allons mentionner, c'est le problème de la Non-identité (*cf.* D. Parfit, *Reasons and Persons*, Oxford, Oxford University Press, 1984, chap. 6 : « The Non-Identity Problem »). Mais ce problème perd de sa force quand on considère les Bombes à retardement qu'une génération laisse derrière elle. Or on peut considérer que les effets externes négatifs qui naissent de l'usage que nous avons fait de choses que nous laissons derrière nous s'apparentent à des Bombes à retardement. Sur le contre-argument de la bombe à retardement, *cf.* Joel Feinberg, « Wrongful Life and the Counterfactual Element in Harming », *Philosophy and Social Policy*, 4 (1), 1986, p. 145-178.

doit à la suivante. Asymétrie de pouvoir, parce qu'elle dispose du pouvoir absolu d'exécuter ou non ses obligations.

Dans le cas précis qui nous occupe, et qui ne constitue qu'un aspect de l'éthique intergénérationnelle descendante[1], le problème peut être posé ainsi : si la génération suivante peut subir les effets externes négatifs de l'usage que nous faisons présentement de choses que nous laisserons à notre mort, elle n'est pas en mesure, comme le réclame pourtant la loi de nature en matière de nuisances externes, de nous demander de nous restreindre en nous offrant pour cela une compensation. Si le pollueur vit au présent et que le pollué est situé dans l'avenir, le pollué ne peut pas négocier avec le pollueur une compensation et la lui verser.

Le problème est-il insoluble ? Ou nous contraint-il à nous écarter de la loi de nature en matière de nuisances externes et à traiter le nuisant oblique comme un délinquant focal, autrement dit à exiger de chaque génération qu'elle laisse la Terre propre ? Pourtant, si la manière dont nous vivons aujourd'hui dégrade l'environnement, vivons-nous ainsi parce que nous sommes des Focaliseurs pervers ? Ne faut-il pas dire plutôt que nos Héritiers sont des Voisins chronologiques et qu'il n'y a pas de raison que la différence ontologique de l'espace et du temps

---

1. Les générations sont reliées par les choses qu'elles se transmettent, en particulier par cette grande et unique chose qu'est la Terre, qu'elles habitent et consomment tout à tour. Mais elles peuvent aussi produire des choses nouvelles et utiles, qu'elles laissent derrière elles. Il y a donc au moins deux catégories de problèmes au programme d'une éthique intergénérationnelle : celui des choses dégradées qu'on laisse derrière nous, mais aussi celui des choses utiles et non consommées qu'on laisse dernière nous. Le problème qui nous retient maintenant est le premier. Nous aborderons le second dans le chapitre suivant, consacré aux bienfaits externes.

crée une différence éthique entre les droits et devoirs de nos voisins spatiaux et ceux de nos voisins chronologiques ?

Mais, dira-t-on, il y a quand même cette importante différence que nos voisins spatiaux peuvent consentir à mettre la main à la poche pour exiger de nous que nous ne les polluions plus. Au lieu qu'on ne voit pas comment nos Héritiers pourraient négocier avec nous.

Il est très clair que nous ne pourrons obtenir qu'ils négocient avec nous. Mais ne pouvons-nous estimer ce qu'ils exigeraient et seraient prêts à payer ? N'est-ce pas de toute façon la loi générale de toute prescription d'éthique inter-générationnelle qu'en raison de l'asymétrie de décision que nous avons mentionnée, il y a une essentielle fragilité épistémique de tout ce qu'une génération imagine devoir à la suivante, dès lors que jamais cette dernière n'aura le moyen de ratifier ce que la génération précédente aura estimé qu'elle lui devait ?

Or s'il est impossible d'obtenir de nos Héritiers qu'ils négocient avec nous ce qu'ils seraient prêts à nous payer pour que nous ne les polluions plus, il est en revanche possible d'obtenir qu'ils nous payent : il suffit que nous leur léguions, sous forme de dettes, ce que nous aurons présentement dépensé pour limiter les effets externes négatifs à long terme de nos actions innocentes présentes. Nous pouvons comprendre, sans avoir besoin d'entendre la voix de nos Héritiers, qu'un réchauffement du climat de la Terre sous l'effet des polluants carbonés que nous déversons dans l'évier atmosphérique, aura des effets au moins localement négatifs sur eux. Il leur en coûtera notamment de reconstruire des villes et de modifier leurs économies agraires. Nous ne *voyons* pas cela dans l'avenir, nous n'avons pas le don de prévision, mais nous l'estimons très probable. Nous pouvons donc estimer que *si* nos Héritiers pouvaient nous faire entendre leur voix, ils nous proposeraient un marché aux fins de réduire les effets environnementaux négatifs de nos activités. Nous pouvons donc faire cela aujourd'hui : agir comme s'ils nous avaient payés pour limiter nos pollutions, placer des patchs anti-pollution sur nos activités présentes en les achetant avec *leur* argent, c'est-à-dire en leur léguant, sous forme de dettes, leur participation au financement de la dépollution.

Raisonnons un instant autrement, pour tenter de diminuer l'effet horrifiant que cette idée pourrait avoir. Si une personne A commande à une personne B de produire quelque chose pour elle, on admettra sans hésitation que la personne A doit dédommager la personne B pour sa peine ou lui payer son travail. Mais supposons que la personne A fasse à la personne B cette commande depuis le futur ou même qu'elle vienne depuis le futur le demander à la personne B[1]. Ne faudra-t-il pas encore, dès lors que B produit un bien dont A jouira seule dans le futur, que A dédommage B de sa peine ou lui paye son travail ? Mais comment payer quelqu'un depuis le futur, sinon en l'autorisant à nous léguer une dette que nous acquitterons le moment venu ?

Il n'en va pas autrement s'agissant, non pas de l'ensemble des obligations intergénérationnelles descendantes, mais de celles qui naissent de l'éthique générale des effets externes. Si ce que nous faisons aujourd'hui peut avoir des effets externes négatifs sur nos héritiers, alors nous devons travailler aujourd'hui à limiter ces effets externes dès lors que nous pouvons présumer que nos héritiers seront disposés à nous

1. Comme dans cette remarquable fable philosophique qu'est le film *Terminator*.

dédommager pour l'effort que nous faisons *pour eux*[1]. Autrement dit, et pour être aussi concret que possible : nous devons financer à crédit la part des dépenses de dépollution dont les effets ne bénéficient pas à la génération présente, mais aux générations futures. Ou, s'il n'y a pas de connexion directe entre dépenses de dépollution et dettes publiques, nous sommes fondés à léguer aux générations futures au moins autant de dettes publiques que nous avons engagé de dépenses pour leur préparer un monde sans lourdes externalités d'héritage.

Il y a donc, pour ce domaine des externalités d'héritage, un rôle spécial dévolu à l'État des VHO. Il est évidemment impossible d'admettre qu'il a été effectivement mandaté par les Héritiers pour négocier avec la génération présente une limitation des effets externes, notamment environnementaux, de leurs activités. Il y a, dans toute disposition d'éthique intergénérationnelle, un élément irréductible de générosité morale, qui s'explique par l'irréductible asymétrie de pouvoir qui est caractéristique du rapport intergénérationnel descendant. Mais si l'on admet que l'État des VHO peut parler et agir au nom des Héritiers, alors sa tâche est double : d'un côté obliger la génération présente à limiter les externalités d'héritage que leurs innocentes activités peuvent provoquer ; d'un autre côté, générer ce qu'il faut de dette publique pour que le coût des efforts consentis par les sociétaires de la génération présente au bénéfice de la génération suivante soit acquitté par la génération suivante.

L'État des VHO est donc, en matière d'externalités d'héritage, le producteur et le gardien de la Juste Dette

---

1. Ou auraient été disposés à le faire s'ils avaient été nos voisins spatiaux, plutôt que nos voisins chronologiques.

Publique[1]. Et la Juste Dette Publique, c'est la dette qui couvre *entièrement mais uniquement* les dépenses engagées par une génération pour le seul bien de la génération suivante[2].

### Externalités d'opportunité

Considérons maintenant, pour finir, ce que peut impliquer le principe « pollué-payeur », au regard de la dernière grande classe d'externalités que nous avons distinguée, celle des externalités d'opportunité.

Il convient d'abord de rappeler qu'en matière de nuisances externes, seules celles qui sont des maux publics tombent dans le domaine de compétence de l'État des VHO. Or il est évident qu'un très grand nombre d'effets de désopportunité ne concernent qu'un nombre réduit de sociétaires, parfois un seul. Dans notre exemple précédent du coiffeur dont tous les clients se convertissent à l'infini capillaire, c'est lui seul qui pâtit de cet effet de désopportunité. De même, quand une entreprise délocalise ses activités, si cette délocalisation produit un effet *interne* sur les salariés, elle produit un effet externe sur les commerces de la région, donc sur un ensemble de sociétaires, mais un ensemble restreint et localisé. Les effets de désopportunité représentent donc rarement, pris chacun

---

1. Nous verrons qu'il en va de même s'agissant de ces bienfaits que constituent les actifs de toutes sortes que chaque génération laisse derrière elle.

2. Cette mesure, si elle est de pure justice, est aussi de bien plus grande efficacité qu'une mesure demandant au pollueur de payer pour le pollué. Si le coût de la réduction de l'effet de serre pouvait être financé par un Fonds global pour le climat, émettant des obligations à long terme, dont seuls les intérêts seraient payés par les États, il serait sans doute plus aisé d'obtenir une participation de tous à cet effort collectif.

individuellement, d'authentiques maux publics ou, s'ils le sont, le public est circonscrit.

Une autre particularité des effets de désopportunité est qu'il est très difficile d'envisager ce que pourrait être en ce domaine un patch, préservant l'activité innocente, mais supprimant ses effets externes. Le plus souvent, l'effet de désopportunité résulte de ce qu'une activité n'a plus lieu ou bien de ce qu'elle se déplace géographiquement. La seule mesure propre à empêcher l'effet de désopportunité serait d'obliger au maintien de l'activité ou bien d'interdire son déplacement spatial. Mais si l'on veut bien se rappeler des principes de la loi de nature en matière de nuisance externe, ainsi que de la différence cruciale entre l'État des VHO et l'État-Léviathan, il est très difficile d'envisager comment on pourrait légitimement contraindre quelqu'un à continuer d'agir d'une certaine façon, par exemple à continuer d'aller régulièrement chez le coiffeur, ou bien à rester à un certain endroit, par exemple à continuer de produire des vis à tête plate à Froumaire-sur-Ozay plutôt qu'ailleurs. On ne voit pas, plus généralement, comment une personne A pourrait avoir *droit à* ce qu'une personne B continue d'accomplir une certaine action qu'elle accomplit librement et discrétionnairement ou comment A pourrait avoir *droit à* ce que B reste à un certain endroit. Outre qu'un droit-à n'est jamais une variété de droit naturel très facile à justifier, un droit de A à ce que B continue de faire quelque chose qu'il a librement ou non-contractuellement commencé à faire ou un droit de A à ce que B ne quitte pas un certain lieu sur lequel il s'est établi librement ou non-contractuellement correspondraient au concept peu engageant d'une propriété de A sur B, du coiffeur sur ses clients, des commerçants d'une région sur l'entreprise employeuse du coin. On peut certes voir les choses ainsi, il n'y a nulle contradiction logique à le faire, mais on doit en même temps accepter de souscrire à une vision très spéciale du lien social : lien constitué par le fait que les uns appartiennent aux autres, dès lors que les seconds tirent profit ou bénéfice de l'activité et de la présence des premiers.

Faut-il alors en conclure, si l'on ne souhaite pas souscrire à ce schème de l'entre-aliénation sociale[1], que les externalités d'opportunité, plus exactement les effets externes de désopportunité, font incorrigiblement partie des incommodités de la vie sociale ? Si d'un côté les effets de désopportunité ne frappent que localement, étroitement, parfois individuellement, et si, d'un autre côté, ces effets sont générés par des conduites qu'il n'est ni légitime d'interdire ni possible d'immuniser contre les effets externes de désopportunité qu'elles génèrent, ne faut-il pas s'en remettre à la patience des uns et à la circonspection sociale des autres ? Y a-t-il un autre remède au malheur du coiffeur que sa résilience ou la bonne volonté charitable de ses clients ? Ou un autre remède à la désertification de certaines régions que l'ascétisme de leurs habitants ou la bonne volonté sacrificielle des entrepreneurs ?

On peut, nous semble-t-il, songer à deux types de remèdes un peu plus efficaces que l'endurance et la bonne volonté : un remède local et un remède général. Le remède local, c'est tout simplement la négociation « coasienne ». Compte tenu de la relative limitation de l'emprise externe de beaucoup d'effets

---

1. Si l'on souscrit à ce schème, il n'y a plus, de toute façon, d'effets *externes* d'opportunité donc aussi de désopportunité. Les habitants d'une région voire d'un pays ont un droit sur l'entreprise qui y produit des emplois et des revenus, droit à ce qu'elle ne délocalise pas ses activités. Dès que l'action de A offre une opportunité à B, B acquiert un droit sur A. *Toutes les relations d'opportunité sont juridiquement internalisées* : l'Opportun possède juridiquement son Opportuné. Dans un tel monde, qui oserait faire quoi que ce soit ?

de désopportunité, Opportuns et Opportunés peuvent en effet se trouver souvent à portée de négociation. Par exemple, en songeant à l'impact d'une délocalisation d'entreprise sur les activités commerciales, économiques ou culturelles d'une région, on peut concevoir que les victimes d'une délocalisation se coalisent, forment une manière de syndic et se cotisent pour offrir à leur Opportuné de quoi le rendre indifférent entre délocaliser et continuer son activité sur place. On peut encore concevoir que ce syndic d'Opportuns malheureux utilise les services d'un micro-État des VHO, une commune par exemple ou une région, en acceptant de payer un surcroit d'impôts locaux aux fins d'offrir à l'entreprise candidate à la délocalisation de quoi être indifférente entre délocaliser et continuer de produire sur place. Cette solution, nous ne le contestons pas, peut sembler moralement choquante : l'Opportuné n'exerce-t-il pas une manière de racket sur ses Opportuns ? Mais, à un autre point de vue, peut-on aller jusqu'à soutenir que les Opportuns ont un droit sur l'Opportuné et qu'ils peuvent confier le règlement de leur situation à l'État-Léviathan, plutôt qu'à l'État des VHO ? Va-t-on par exemple interdire aux gens de cesser de consommer un certain type de produits, parce que cela aura pour effet externe de désopportunité de conduire à la faillite l'entreprise qui les fabriquait ? Ou va-t-on interdire à une entreprise de délocaliser ses activités[1] ?

---

1. Pour le dire encore une fois, nous ne sommes pas ici dans le domaine des vérités de raison. Il n'y a pas de contradiction à concevoir que chaque opportun ait un droit sur ses opportunés. Mais, pour que ce droit soit autre chose qu'une aliénation des opportunés à leurs opportuns, il faut concevoir que les gens vivent positivement et effectivement toute relation d'opportunisme asymétrique *comme* une relation de coopération volontaire et se sentent tenus par elle. L'entreprise doit se sentir coopérer, non seulement avec ses salariés, mais aussi avec toute une région et se sentir tenue de faire tout son possible pour

Reste qu'il existe encore un autre remède aux externalités de désopportunité, sans doute moins choquant parce qu'il ne passe pas par une transaction entre les Opportuns et l'Opportuné, et plus général, parce qu'il permet de répondre simultanément à toutes sortes d'effets de désopportunité localisés. Ce remède est simple, il est commun, nous y recourons en fait tous les jours, sans savoir peut-être que nous le faisons. Nous avons remarqué que les effets de désopportunité sont souvent très localisés, que chacun ne concerne qu'un nombre restreint de sociétaires. Mais en même temps, si ces effets sont à chaque fois très localisés, tout le monde est exposé à en subir de semblables. Or quand plusieurs personnes sont exposées à subir, chacune à tour de rôle, des effets négatifs d'un même type général, il y a quelque chose qu'elles peuvent faire ensemble : c'est de *s'assurer* les unes les autres contre cet aléa, dès lors du moins qu'il peut être d'une certaine gravité, c'est de constituer une manière de caisse d'assurance et de solidarité dans laquelle chacune à tour de rôle peut puiser pour compenser les effets de désopportunité qu'elle subit et patienter jusqu'à ce qu'elle ait retrouvé un nouvel Opportuné.

Ce remède est dans la droite ligne du principe « pollué-payeur » que nous défendons. De même qu'il en coûte d'être un Voisin ou d'être un Héritier, il en coûte d'être un Opportun. Car pour se prémunir contre les effets de désopportunité, il faut, non pas contraindre les Opportunés à ne pas bouger, mais mettre la main à la poche, s'assurer contre les effets de désopportunité. La différence entre le remède coasien que nous

préserver cet opportunisme asymétrique. Cette conception nous paraît toutefois correspondre bien plus à un engagement moral subjectif souhaitable, méritoire, vertueux qu'à une authentique relation *juridique* à laquelle pourraient être associés des dispositifs de contraintes légitimes.

avons mentionné et l'Assurance contre les Effets de Désopportunité que nous décrivons, c'est toutefois que, dans ce dernier cas, la contribution des victimes des effets de désopportunité ne sert pas à verser une compensation aux Opportunés. La Grande société ne peut pas être globalement purgée de cette vaste classe d'effets externes négatifs que sont les effets de désopportunité. Il n'y a pas de patchs, pas de capes d'invisibilité qui soient envisageables à l'échelle de la Grande société pour ce type d'effets externes négatifs. Une certaine incommodité sociale doit être supportée, sauf à souscrire au schème de l'entre-aliénation et à remplacer l'État des VHO par un Centre d'aiguillage social total, planifiant la vie sociale de telle sorte que jamais personne ne soit exposé à des effets de désopportunité[1]. Mais à défaut de remède, il y a un pansement : l'Assurance contre les Effets de Désopportunité.

L'État des VHO trouve donc ici sa troisième fonction, sa troisième mission : pour pallier aux difficultés bien connues de l'action collective et ouvrir ce fonds d'Assurance aux imprévoyants comme aux sans ressources, l'État des VHO sert à rendre obligatoire la souscription à ce fonds selon les ressources des sociétaires et à en gérer le fonctionnement. L'État des VHO, faute de pouvoir être un entremetteur entre Opportuns et Opportunés, agit alors comme un État-providence en matière de désopportunités économiques et sociales : il permet aux sociétaires, en tant que victimes potentielles d'effets de désop-

---

1. Pour parler nettement, cela veut dire que le Socialisme est une réponse au problème des effets externes et, spécialement, des effets externes de désopportunité, une réponse basée sur le schème de l'entre-aliénation. En face du Socialisme, il y a donc 1) l'état de nature libéral ; 2) la circonspection sociale (la solidarité et le patriotisme économiques) et 3) l'Assurance contre les Effets de Désopportunité.

portunité, non d'échapper à ces effets, mais de pouvoir les supporter.

Cette ultime référence à l'État-providence, à un aspect du moins des missions associées à la notion d'État-providence, devrait, croyons-nous, lever les dernières préventions relatives aux implications concrètes du principe « pollué-payeur » : au delà des négociations coasiennes de gré à gré, ce à quoi ce principe nous conduit, ce n'est pas à de grandes innovations institutionnelles ou procédurales, mais à des taxes carbones, à des dettes publiques, à des primes d'assurance contre les effets de désopportunité, toutes représentant la contribution des VHO à la réduction des effets externes négatifs qu'il subissent. Au delà, ce à quoi nous conduit ce principe, c'est à un concept d'État, à une raison d'être de l'État peu souvent mise en lumière par la tradition de la philosophie politique : l'État sert sans doute à protéger les sociétaires contre les préjudices focaux qu'ils peuvent s'infliger (État-Léviathan) ; il sert aussi sans doute à les faire vivre dans la justice et la solidarité (État redistributeur) ; peut-être sert-il également à les guider aux mieux de leurs intérêts (État paternel). Mais il sert aussi à s'entremettre entre pollués et pollueurs, en faisant payer aux premiers le prix d'une vie sociale sans nuisances externes excessives et en imposant aux seconds d'amender leurs pratiques dès lors qu'ils sont compensés pour cela. Obtenir gratuitement que la société soit purgée des effets externes négatifs qui accompagnent la vie sociale, faire faire par l'État-Léviathan ce que fait l'État des VHO, ce serait effacer la différence d'essence entre un effet interne et un effet externe, ce serait voir dans tout agent social un Focaliseur pervers en puissance. Et parier sur la seule responsabilité sociale des sociétaires, ce serait s'exposer aux faiblesses de la bonne volonté autant qu'aux limites épistémiques qui caractérisent le rapport de chaque sociétaire aux effets externes de ses actions.

Le principe pollué-payeur, systématiquement développé, nous paraît donc réunir justice et efficacité : justice en ce qu'il assure une balance entre les droits des nuisants obliques et ceux des victimes ; efficacité en ce qu'il confie aux victimes, qui sont par ailleurs les bénéficiaires de la vie sociale, l'estimation du prix qu'elles acceptent de payer pour réduire les incommodités de la vie sociale.

## CHAPITRE V

## ÉTHIQUE DES BIENFAITS EXTERNES

Les idées que nous venons de présenter paraîtront à beaucoup insupportables, en dépit de l'effort que nous avons fait pour montrer que leurs implications concrètes n'avaient rien de révolutionnaire ou d'utopique. L'idée qu'il faille *payer* pour ne pas subir les effets externes négatifs des actions des autres, l'idée que la vie sociale ait un coût et un coût de plus en plus élevé à mesure que le nombre des sociétaires et l'entremêlement de leurs actions deviennent eux même plus élevés, tout cela pourra faire figure de paradoxe philosophique formulé à dessein de provoquer le sens commun. Où trouvera-t-on cet argent, dira-t-on ? Et le bénéfice de la vie sociale ne finira-t-il pas par être dévoré par tous ces coûts qu'il faudra acquitter pour se mettre à couvert des nuisances obliques des autres ?

Cependant, qu'y aurait-il d'étonnant à ce que les bénéfices de la vie sociale ne puissent croître indéfiniment ? Que la société ne puisse être un ingénieux dispositif propre à exempter le bien-être humain de la dure loi de compensation et d'équilibre qui régit le monde physique ? Serait-il surprenant que le coût d'une unité supplémentaire de bien-être devienne à mesure de plus en plus élevé et qu'une manière d'état

stationnaire hédonistique représentât la limite inévitable du
« progrès social » ?

Mais quand bien même accepterait-on ces considérations
de physique sociale, une objection plus immédiate et plus
forte semble devoir être opposée au principe pollué-payeur
que nous avons avancé, une objection non pas de fait, mais de
droit, une objection éthique et non point physique. Payer pour
qu'autrui cesse de me nuire, c'est sans doute limiter le bien-
être dont je pourrais jouir si les nuisances externes étaient
assimilées à des nuisances internes et si les nuisants obliques
étaient réprimés par l'État-Léviathan comme des délinquants
de l'espèce ordinaire. Mais c'est aussi et surtout offrir à
chaque sociétaire, en tant que nuisant oblique potentiel, une
manière de créance virtuelle sur les biens ou les revenus des
autres. N'est-ce pas là, dans son principe, une insupportable
atteinte au droit de chacun sur ce qui est sien, un véritable
racket constitutionnel ?

Ce le serait peut-être si les dotations de chacun, celles dans
lesquelles il lui faut prélever pour indemniser les nuisants
obliques ou s'assurer contre leurs effets de désopportunité, ne
supportaient elles-mêmes aucune créance morale, si les
dotations de chaque sociétaire étaient le résultat ou le produit
*internes* des actions de l'agent ou de ses échanges et transactions avec les autres sociétaires. Si les dotations de chacun
sortaient de lui-même, de son esprit, de son corps, de son
travail, de sorte qu'il en fût le plein auteur et créateur, ou si
elles n'étaient obtenues qu'en échangeant ce dont chacun
serait le plein auteur contre ce dont les autres seraient également les pleins auteurs, alors, sans doute, il y aurait quelque
chose de problématique dans l'obligation de transférer un peu

de notre Œuvre à nos voisins, à nos ascendants ou à nos opportunés pour qu'ils cessent de nous nuire obliquement[1]. Mais ce serait oublier qu'un effet externe n'est pas toujours un effet externe négatif. Si la société est pleine de nuisants obliques, elle est aussi pleine de *bienfaiteurs obliques*. Quand mon voisin chante *O sole mio*, ai-je à débourser le moindre centime pour me complaire à son chant ?

Or les bienfaits dont on jouit n'ont-ils aucune portée morale ? Sont-ils, comme l'air qu'on respire, un bien public gratuit formant l'environnement normal de notre vie ? Il est évident, nous l'avons déjà souligné, que les bienfaits ont une moindre urgence morale que les méfaits. Ne pas réparer un méfait ou ne pas pallier sa survenue paraît beaucoup plus grave que ne pas répondre comme il se doit à un bienfait[2]. Reste que les bienfaits sont tout aussi « éthiquables » que les méfaits, dès lors que, comme le dit laconiquement Hobbes, « les bienfaits obligent[3] ». Si l'on nous offre un cadeau, nous ne sommes certes pas tenus d'en payer le prix ou d'en offrir un en échange. Mais nous nous sentirons au moins tenus d'en remercier notre bienfaiteur.

1. C'est sans doute la raison pour laquelle Nozick, comme nous l'avons précédemment noté, rejette le principe pollué-payeur que nous défendons : « Si quelqu'un souhaite utiliser un procédé très risqué mais efficace [...] pour la confection d'un produit, les voisins de l'usine doivent-ils lui offrir une compensation pour la perte économique qu'il subit du fait de ne pas recevoir la permission d'utiliser son procédé potentiellement dangereux ? Certainement pas. » (*Anarchy, State and Utopia*, p. 79.)

2. C'est l'une des nombreuses figures de l'asymétrie du bien et du mal : il est pire de faire du mal que de s'abstenir de faire du bien.

3. *Léviathan*, XI, trad. F. Tricaud, Paris Sirey, 1971, p. 97. De même Cicéron affirme-t-il qu'il « n'est pas de devoir (*officium*) plus nécessaire que celui de s'acquitter des bienfaits (*referenda gratia*). », *De Off.*, I, XV, 47, *op. cit.*, p. 50.

N'est-il pas dès lors possible d'établir une manière de balance morale, au cœur même des externalités accompagnant la vie dans la Grande société, entre les négatives et les positives, entre les malfaisantes et les bienfaisantes? Le prix qu'il nous faut payer pour nous mettre à couvert des effets externes négatifs de l'action des autres n'est-il pas compensé, en partie ou en totalité, par les bienfaits externes dont ils nous gratifient gratuitement? Ne payons-nous pas les maux que les autres nous occasionnent sans le vouloir avec les biens dont, de manière tout aussi inintentionnelle, ils nous gratifient?

Le problème présente une certaine complexité. Elle tient principalement au fait qu'il semble en aller de ce que nous appellerons désormais le *principe de gratitude*, c'est-à-dire l'obligation de répondre à la grâce d'un bienfait, comme du principe de non-nuisance. De même que le second ne s'applique que moyennant certaines distorsions aux nuisances externes, le premier doit également se compliquer ou s'affaiblir lorsqu'on le confronte à l'existence des bienfaits externes dont la vie sociale nous gratifie.

Il n'en reste pas moins, c'est là en tout cas ce que nous allons tenter d'établir, qu'il existe ou qu'on peut donner sens à l'idée d'une éthique des bienfaits externes et qu'elle doit alors être mise en balance avec l'éthique des méfaits externes si l'on veut estimer le juste prix de la vie sociale.

### Pourquoi les bienfaits obligent

Considérons d'abord les traits saillants de l'éthique des bienfaits *internes*. Nous avons remarqué qu'il paraissait moins grave de ne pas répondre à un bienfait que de commettre un méfait. Cette asymétrie morale explique sans doute que l'on soit plus familier avec l'éthique de la non-nuisance qu'avec celle des bienfaits. En particulier, il semble y avoir plus d'évidence dans l'interdiction de ne pas nuire à autrui que dans l'obligation de répondre à ses bienfaits. Il ne nous paraît donc pas inutile de commencer par nous attarder sur le principe de base de l'éthique des bienfaits. « Les bienfaits obligent » : fort bien ! Mais pourquoi ? Et à quoi ?

Si la question se pose, c'est qu'il existe une distinction fondamentale et commune entre les bienfaits et les échanges, partant entre l'éthique des bienfaits et l'éthique des échanges, c'est-à-dire la justice commutative. La différence entre le bienfait et l'échange ne réside évidemment pas dans l'événement qui est inclus dans l'action. Une main qui donne un bonbon peut aussi bien être une main qui dispense un bienfait qu'une main qui amorce ou conclut un échange. Il est vrai qu'il y a des bienfaits qui ne peuvent pas, par leur nature propre, être confondus avec des échanges. Une parole plaisante ou réconfortante peut être un bienfait, mais pourrait plus difficilement être un fragment d'échange. Cependant il y a de nombreux évènements qui peuvent aussi bien être des composants d'une action bienfaitrice que d'une action transactionnelle.

Force est alors de rechercher l'essence du bienfait, non dans l'événement, mais dans l'intention qui le porte et qui détermine l'identité de l'action accomplie [1]. Je peux donner un bonbon à autrui pour lui faire plaisir ou lui donner un bonbon pour en obtenir quelque chose en échange. Un bienfait peut être caractérisé comme une action qui s'arrête, s'agissant de son intentionnalité, au bien d'autrui, qui trouve son terme

---

1. « Le bienfait, écrit Sénèque, ne consiste pas dans ce qui est fait ou donné, mais dans le sentiment avec lequel il est fait ou donné, *sed in ipso dantis et facientis animo.* », *Des bienfaits*, I, VI, 1, trad. F. Préchac, Paris, Les Belles Lettres, 1961, vol. 1, p. 13.

intentionnel dans le bien d'autrui. Ce terme intentionnel peut sans doute ne pas être le terme de la relation intersubjective créée par le bienfait, ne serait-ce que parce que le bienfait va obliger le bénéficiaire. En outre la sous-détermination de l'action par l'événement peut faire que le don du bonbon sera mal compris, que le bénéficiaire le lira comme l'amorce d'un échange et répondra en conséquence. Enfin, et plus prosaïquement, le bienfaiteur peut s'être leurré sur les préférences d'autrui et, croyant lui faire du bien, lui faire en réalité du mal. Mais l'essence de l'action bienfaisante reste intrinsèquement déterminée par sa terminaison intentionnelle, à savoir le bien d'autrui, le bien d'autrui par contraste avec le bien anticipé de l'agent, avec le calcul d'un retour profitable.

Or c'est ce contraste qui explique qu'il y ait un manque d'évidence dans le principe selon lequel les bienfaits obligent. Un bienfait est en effet, dans son essence[1], une grâce unilatérale (a) que le bienfaiteur n'offre pas comme un *moyen* d'obtenir quelque chose en échange et (b) qui ne répond pas à une *demande* du bénéficiaire[2]. Tandis que l'amorce d'un échange est essentiellement l'attente et le calcul d'un retour, un bienfait s'oriente à sens unique vers l'autre. Pour cette raison même, il ne semble rien manquer à un bienfait réussi, un bienfait qui atteint sa cible, un bienfait qui fait du bien à celui à qui il est

1. C'est-à-dire en laissant de côté les nombreuses situations psychologiquement mixtes où l'esprit d'échange contamine la bienfaisance, où le bienfaiteur attend son merci ou ses louanges ou bien où le bénéficiaire lui-même se croit obligé de rendre *autant*, comme si l'égalité commutative était ici pertinente.

2. Évidemment, nous devons écarter ici cette forme dégradée de la bienfaisance qu'est l'usage social d'offrir des cadeaux à dates fixes, qui fait disparaître autant la gratuité discrétionnaire du bienfait que l'absence de demande du bénéficiaire.

destiné. Par ailleurs, si le bénéficiaire reçoit ce qui lui fait du bien, si le bénéficiaire trouve sa satisfaction dans le bienfait qu'on lui fait, il n'obtient pas ce qu'il avait demandé, même s'il peut obtenir ce qu'il désirait.

Pourquoi alors les bienfaits obligeraient-ils? Si le bienfaiteur trouve son contentement, qu'il soit hédonistique ou moral, dans sa bienfaisance, tandis que le bénéficiaire trouve son contentement dans le bienfait qu'on lui fait, pourquoi introduire l'incommodité du devoir au milieu de ce concert de contentements?

La réponse est loin d'être évidente. Dans un passage de la *Somme théologique*, Thomas d'Aquin avance comme explication que :

> Tout effet fait naturellement retour vers sa cause. [...] Car il est toujours nécessaire que l'effet soit ordonné à la fin de l'agent. Or il est manifeste que le bienfaiteur, en tant que tel, est cause que le bénéficiaire est tel. Aussi l'ordre naturel, *naturalis ordo*, requiert-il que celui qui a reçu un bienfait fasse retour vers le bienfaiteur par une récompense gracieuse [1].

Mais on peut évidemment douter que cette loi ontologique du retour de l'effet vers sa cause, pour autant qu'elle soit avérée, soit propre à expliquer *l'obligation* morale qui pèse sur le bénéficiaire de « faire retour » vers son bienfaiteur. Si c'est une *loi* de l'être que l'effet fasse retour vers sa cause, cette loi ne saurait être confondue avec la *norme* morale selon laquelle le bienfaiteur doit quelque chose à son bienfaiteur ou doit faire quelque chose en raison du bienfait dont il a bénéficié.

---

1. Thomas d'Aquin, *Summa theologica*, IIa, IIae, q. 106, art 3, Roma, Forzani, 1894, vol. 3, p. 747.

Quelques lignes après le passage que nous venons de citer, Thomas d'Aquin avance toutefois une explication très différente, qui consonne avec des développements semblables chez les auteurs anciens :

> Dans un bienfait, écrit Thomas d'Aquin, ce qui est le plus remarquable, *commendabile*, c'est que le bienfait soit dispensé gratuitement, sans que le bienfaiteur y ait été tenu. Dès lors, celui qui accepte le bienfait est obligé par une dette d'honneur, *obligatur ex debito honestatis*, à semblable dépense gratuite [1].

Ce que vise Thomas d'Aquin dans ce passage, ce sont évidemment les bienfaits volontaires, et nous verrons justement que c'est tout le problème d'une éthique des bienfaits externes, que ceux-ci ne sont pas volontaires. La situation paradigmatique que Thomas d'Aquin analyse est celle d'un bienfait conscient, informé, fait par A à B. Dans cette situation paradigmatique, le bienfait est donc focalisé sur B : c'est B en tant que B que A vise par son bienfait. Comme l'écrit Sénèque, « ce n'est pas un service pur et simple de toi à moi qui est requis pour que je sois ton obligé, mais un service qui m'était destiné [2]. »

Comment Thomas d'Aquin explique-t-il que, dans cette situation paradigmatique, B soit obligé envers A ? Le point saillant, dans l'explication proposée par Thomas d'Aquin, est que ce n'est pas le fait que l'action de A ait bénéficié à B qui est la raison de l'obligation de B. Ce n'est pas en raison du bien que A lui a fait que B est obligé envers A. La raison de l'obligation tient, selon Thomas d'Aquin, non au contenu,

---

1. Thomas d'Aquin, *Summa theologica*, IIa, IIae, q. 106, art. 6, p. 750.
2. « Non enim profuisse te mihi oportet, ut ob hoc tibi obliger, sed ex destinato profuisse. », *Des bienfaits*, VI, X, 2, *op. cit.*, vol. 2, p. 43.

mais à la modalité de l'acte bienfaisant. C'est parce que cet acte est un acte *gratuit*, un acte auquel le bienfaiteur n'est pas tenu, soit par quelque devoir général d'humanité, soit par quelque engagement contracté, que le bénéficiaire se trouve obligé vis-à-vis du bienfaiteur.

Il faut évidemment préciser que ce n'est pas la modalité nue qui est source d'obligation : si A faisait gratuitement du mal à B, B ne serait nullement obligé envers A. En outre, la gratuité n'est un paramètre pertinent que dans la mesure où l'acte est intentionnellement bienfaisant : si A faisait une chose à laquelle il n'était pas tenu et qui se trouvait accidentellement faire du bien à B, B ne serait pas obligé envers A. La gratuité est donc la gratuité d'une intention bienfaisante, mais c'est néanmoins la gratuité, et non le bien visé par l'intention, qui est la raison de l'obligation.

Mais pourquoi ? Pourquoi le fait que A me fasse gratuitement du bien m'oblige-t-il envers lui ? Je n'ai rien demandé à A : pourquoi lui devrais-je quelque chose ?

La raison cachée ou, si l'on veut, le moyen terme de ce syllogisme moral, est que j'ai *accepté* son bienfait. C'est qu'il faut en effet distinguer le fait de recevoir un bienfait, d'en être le *destinataire*, et le fait de l'accueillir, d'en être le *bénéficiaire*. On pourrait dire, en jouant légèrement sur les mots, que pour qu'un acte soit un bienfait, il faut que le *bien soit fait* et le bien est fait si le destinataire de l'acte le vit comme un bien, si, autrement dit, le potentiel de satisfaction inhérent au contenu de l'acte du bienfaiteur se trouve effectivement actualisé par le destinataire de cet acte, qui en devient alors le bénéficiaire. Une parole apaisante n'est un bienfait que si elle m'apaise, partant si j'accueille son potentiel d'apaisement. Plus prosaï-quement, une somme d'argent n'est un bienfait que si je

l'accepte et lui fait rendre les services bienfaisants qui
s'attachent ordinairement à l'usage de l'argent.

Au fond, l'erreur serait de penser que, parce qu'un bienfait
n'est pas un échange, parce qu'il ne répond pas à une demande,
parce qu'il procède unilatéralement du bienfaiteur, le
bénéficiaire du bienfait n'est qu'un terme passif, une sorte de
support de l'acte bienfaisant ou d'occasion de son exécution.
Mais la bienfaisance est une *relation* et comme toute relation
*réelle*, elle comporte une double direction, une double orientation, une double attache. Si le bienfait part du bienfaiteur en
direction du bénéficiaire, ce dernier doit encore accueillir ou
accepter le bienfait qui lui est destiné pour que le bienfait soit
accompli et qu'une relation apparaisse entre le bienfaiteur et le
bénéficiaire. C'est cet accueil, cette acceptation qui fait naître
l'obligation. Non par conséquent le seul acte du bienfaiteur,
mais l'implication du bénéficiaire dans cet acte, *via* son
acceptation ou accueil du contenu bénéficiant de l'acte.

Pourquoi cependant l'acceptation du bienfait se prolonge-
t-elle en obligation? La réponse peut être trouvée si l'on
considère la nature de cette obligation. Elle a la forme, selon
l'expression de Thomas d'Aquin, d'une dette d'honneur (ou
d'honnêteté). Qu'est-ce qu'une dette de ce genre? L'élément
significatif dans cette expression est que ce n'est pas, ou pas
primitivement, la dette de quelque chose, comme lorsqu'on
emprunte quelque chose à quelqu'un et qu'on doit le lui rendre,
qu'il est notre créancier et nous son débiteur. Dans l'accueil ou
l'acceptation d'un bienfait, on n'a pas emprunté quelque chose
à autrui, on a reçu gratuitement quelque chose de lui, quelque
chose qu'on n'avait pas demandé et qu'il n'était pas tenu
de nous donner. Ce que l'acceptation du bienfait fait donc
apparaître, aux yeux du bénéficiaire, c'est le bienfaiteur

lui-même, sa générosité gratuite et le fait, partant, qu'on lui doit à lui, à son arbitre, le bien dont nous jouissons.

Cependant, où est l'obligation là-dedans ? Ce que l'accueil ou l'acceptation du bienfait implique immédiatement, c'est la *conscience* d'avoir reçu gratuitement un bien d'autrui. Or cette conscience est un simple fait psychologique naturel : si je me sais recevoir gratuitement quelque chose de quelqu'un, que je l'accueille et m'en réjouis, alors je suis conscient d'avoir reçu gratuitement d'autrui. C'est là une pure et simple tautologie. Ce n'est donc pas cette conscience même qui est une obligation, puisqu'elle est un fait naturel. En revanche, on doit remarquer que cette conscience, on peut l'enfouir, l'occulter, se presser de l'oublier pour ne plus s'occuper que du bien qu'on nous a fait. Ce qui semble dès lors être une obligation, l'obligation de gratitude, c'est la *manifestation* de cette conscience. L'ingrat, ce n'est pas celui qui ignore sa dette, mais celui qui ne manifeste pas la conscience de sa dette ou qui, par une manière de mauvaise foi, s'empresse de la faire disparaître à ses propres yeux. Car on ne peut appeler ingrat celui qui ignore que le bien dont il jouit a un bienfaiteur à sa source. L'ingrat est bien plutôt celui qui ne témoigne pas de cette conscience.

Le fond de l'éthique des bienfaits nous paraît donc résider dans cette possibilité toujours ouverte de sceller la connaissance que nous avons de notre dette vis-à-vis de notre bienfaiteur. Le bienfaiteur n'a pas, de lui-même, le pouvoir d'obliger le destinataire de son bienfait. Il faut encore que le destinataire du bienfait fasse quelque chose pour devenir l'obligé du bienfaiteur : il faut qu'il accepte le bienfait, qu'il devienne son bénéficiaire. Par cette acceptation, il reconnaît donc nécessairement la valeur de l'acte du bienfaiteur, il reconnaît le bien qu'il lui fait. Mais, jusque là, on est dans l'ordre du fait, dans l'ordre de la psychologie des bienfaits. Je reçois un bienfait. Je l'accepte et l'accepte en connaissance de sa source. J'ai donc nécessairement conscience que je dois le bien dont je jouis à mon bienfaiteur. Ce que l'éthique des bienfaits ajoute à la psychologie des bienfaits, ce qu'elle exige ou demande, ce dont elle fait un devoir, c'est que cette conscience, on la manifeste, on la publie, on en rende témoignage.

Pourquoi cependant? Pourquoi cette exigence de témoignage? Quel est le fondement dernier de l'exigence de gratitude? On peut ici hésiter entre deux réponses, la vérité étant certainement un mixte des deux.

On peut d'abord avancer que le fondement ultime de l'obligation de gratitude, c'est simplement la justice. On viole la justice, ou on viole notamment la justice, en s'appropriant ce qui n'est pas à nous, en considérant comme nôtre ce qui n'est pas nôtre, partant en ne rendant pas à autrui son dû. Jouir d'un bienfait sans témoigner de la conscience de notre dette, c'est, d'une certaine façon, nous approprier ce qui n'est pas nôtre. Mais est-ce à dire qu'il faut rendre au bienfaiteur son bienfait, qu'il ne faut pas jouir de son bienfait, qu'il ne faut pas s'en faire le bénéficiaire? Précisément non, et là est toute l'éthique des bienfaits. On ne peut pas ne pas s'incorporer le bienfait et en jouir, sous peine d'annuler le bienfait ou de le faire échouer : le bienfait ne s'accomplit que lorsqu'il est accepté, lorsque le destinataire devient un bénéficiaire. Mais si le bénéficiaire se coupe du bienfaiteur, s'il se referme sur le bienfait en oubliant ou en feignant d'oublier sa source, alors il s'approprie ce qui n'est pas à lui : non le bienfait, mais sa source, non le bien dont il jouit, mais la gratuité bienveillante qui l'a fait en jouir. Jouir avec justice d'un bienfait, c'est donc en jouir sans s'en approprier la source. Or faire cela, c'est précisément témoigner de sa gratitude, rendre au bienfaiteur son dû et le seul dû qu'on puisse lui rendre : témoigner qu'il est, lui et pas nous, la source du bien dont nous jouissons.

Cette interprétation en suggère cependant une autre : à savoir que la gratitude est une forme de reconnaissance et d'authentification qui, en quelque façon, parachève le bienfait. Nous avons vu en effet qu'on pouvait *échouer* de diverses manières à accomplir un bienfait. On peut se leurrer sur ce qui est de nature à réellement faire du bien à autrui. On peut aussi destiner un bienfait à qui refuse d'en être le bénéficiaire. Enfin on peut mêler un esprit d'échange, une attente de retour au bienfait que l'on fait. La gratitude vient donc authentifier le bienfait et écarter les divers facteurs qui peuvent faire échouer le bienfaiteur. Quand le bienfaiteur obtient un témoignage de gratitude, il obtient par là même reconnaissance et authentification de son bienfait : il se voit comme bienfaiteur dans la gratitude du bénéficiaire. Sans elle, il ne pourrait savoir qu'il est parvenu à accomplir un bienfait, qu'il a réussi à agir en bienfaiteur.

Si l'on mêle ces deux interprétations, celle qui invoque la justice et celle qui invoque le parachèvement ou l'accomplissement du bienfait, on obtient, comme explication dernière du principe de l'éthique des bienfaits, l'idée qu'un bienfait trouve son accomplissement dans la reconnaissance du bienfaiteur par le bénéficiaire et que cette reconnaissance est *due* au bienfaiteur, sous peine d'injustice. C'est comme si, au fond, le bénéficiaire devait prendre sa part au bienfait, comme s'il y avait quelque chose qu'il devait faire pour que le bien soit pleinement fait. Et ce qu'il doit faire, c'est posséder, sans s'approprier, jouir du *bien* qu'on lui a fait sans occulter que c'est un bien qu'on lui a *fait*. Si les bienfaits obligent, c'est donc parce que le « bien » peut occulter le « fait », que la jouissance du « bien » peut dominer et enfouir la conscience du « fait ». Le bienfait accepté oblige donc le bénéficiaire à porter témoignage de cette conscience auprès du bienfaiteur, à maintenir la conscience du « fait » au cœur de la jouissance du « bien », sous peine d'injustice.

## DÉFÉRENCE ET CONTAMINATION

En quoi consiste maintenant ce témoignage? Si les bienfaits obligent à publier la conscience que nous avons d'être en dette d'honneur vis-à-vis de notre bienfaiteur, comment s'y prend-on pour rendre témoignage de cette conscience?

Le point central ici est que rendre témoignage de la conscience d'être en dette vis-à-vis du bienfaiteur n'est pas du tout la même chose que payer une dette. Il est très simple de payer une dette, de s'acquitter d'une dette : on rend ce qu'on doit, c'est tout. Mais, ici, il ne s'agit pas de payer une dette. Il s'agit de manifester un sentiment de dette, de montrer sa gratitude, son sens de la grâce que l'on nous a faite.

Une conséquence est que le schéma de la justice commutative est ici tout à fait déplacé. Bien sûr, il y a une certaine prégnance psychologique du schéma de la justice commutative et, partant, une certaine tendance ou tentation de réduire la logique des bienfaits à celle des échanges : nous recevons un cadeau d'un certain prix et veillons alors à en offrir un à notre tour du même prix. Mais il est très clair que, outre la confusion conceptuelle et morale du bienfait et de l'échange, il n'y a pas de place, dans l'espace logique des bienfaits, pour la logique d'égalité et de réciprocité propre aux échanges. Car, comme nous l'avons vu précédemment, ce n'est pas en raison du bien reçu, mais en raison de la gratuité avec laquelle il nous fut donné que nous sommes obligés vis-à-vis de notre bienfaiteur. Ce n'est pas le *bien* qu'il nous a fait, mais le fait qu'il nous l'ait *fait* et nous l'ait fait *gracieusement* qui est la racine de notre obligation. Pour cette raison même, le bien lui-même, la nature de ce bien, le prix de ce bien ne font pas partie de l'espace logique de l'éthique des bienfaits. Sans doute n'est-il pas accessoire que ce soit un bien qu'on nous ait fait, puisque si c'était un mal qu'on nous avait fait gratuitement, nous n'aurions pas à manifester notre gratitude d'avoir été maltraité. Par ailleurs, il n'est pas accessoire non plus de comparer la valeur du bien qu'on nous a fait aux capacités du bienfaiteur. Comme le dit Cicéron «il faut faire des distinctions entre les bienfaits qu'on a reçus : nul doute que notre dette est très grande quand les bienfaits sont très grands [1]». Or la grandeur d'un bienfait ne se mesure pas seulement à la quantité de bien qu'il nous fait, mais aussi à la quantité de « mal » que se fait notre bienfaiteur en nous faisant ce bien là. Nous pourrions dire, pour revenir à un langage que nous avons un peu délaissé, que la grandeur d'un bienfait est en raison simple de l'utilité qu'il possède pour le bénéficiaire et en raison inverse de la désutilité ou du coût d'opportunité de son transfert pour le bienfaiteur. Plus simplement : à utilité égale pour le bénéficiaire, les bienfaits des pauvres sont plus grands que les bienfaits des riches.

Mais même s'il importe de prendre en compte la grandeur du bienfait, et pour cela s'il faut regarder le bien qui nous est fait, il n'en reste pas moins qu'on ne saurait déduire ce à quoi un bienfait nous oblige de la nature et du prix du bien qu'on nous a fait. Témoigner de notre gratitude suppose très

---

1. Cicéron, *De Officiis*, I, XV, 49, *op. cit.*, p. 52.

certainement de faire quelque chose, mais ce qu'il y a à faire n'est pas déterminé par ce qu'on nous a fait. Si l'on nous gratifie d'une parole apaisante, doit-on en prononcer une à notre tour? Si l'on nous pistonne par accéder à un emploi, doit-on pistonner à notre tour celui qui nous a pistonné? En réalité, on peut aller jusqu'à soutenir que la réciprocité serait le signe d'une erreur de catégorie confinant à la faute morale. Quel en est le but en effet? Être quitte. S'être délivré de notre sentiment de dette, s'être libéré de l'emprise du bienfait et donc du bienfaiteur. Tu me pistonnes, je te pistonne : on est quitte. Tu m'apaises, je t'apaise, on est quitte. Or témoigner de sa gratitude n'est pas se débarrasser d'un sentiment pénible. Il y a très certainement des cas où il nous pèse d'accepter un bienfait. D'un coté, le bien qu'on nous fait nous attire, nous ne pouvons que difficilement ne pas l'accueillir. Mais, d'un autre côté, il nous pèse d'être en dette d'honneur vis-à-vis de celui qui nous le fait. On se débarrasse donc du poids de cette dette en ravalant le bienfait sur l'échange, en répondant au don par un contre-don[1].

Mais ce n'est clairement pas à se débarrasser du poids d'une dette d'honneur que les bienfaits nous obligent. Ce à quoi ils nous obligent, c'est au contraire à porter témoignage de cette dette, donc à l'assumer, à en garder le souvenir, à ne pas la refermer, à la faire perdurer.

---

1. D'une manière très curieuse, certains auteurs contemporains semblent vouloir réintroduire la morale des bienfaits dans la sociologie du don et du contre-don. C'est-à-dire qu'ils paraissent penser que l'éthique des bienfaits reste présente dans la logique du don et du contre-don. Mais la logique du don et du contre-don relève de l'échange et partant du calcul. Il ne faut pas confondre la logique du contre-don qui aligne la bienfaisance sur l'échange et ce que nous allons appeler la logique du furet, qui ressortit elle à l'éthique des bienfaits.

Comment ? On peut distinguer une gratitude de déférence et une gratitude de contamination.

La gratitude de déférence est sans doute celle qui s'accorde le moins avec l'esprit d'égalité. Mais il est vrai également que la pratique des bienfaits cadre mal avec l'esprit d'égalité. Pourtant, la gratitude de déférence est fort commune et ne passe pas nécessairement par l'hommage obséquieux et la soumission sociale. On nous pistonne, on accueille favorablement ce piston et l'on remercie. Et puis on s'en souvient. On n'oublie pas que l'on est là par piston. On n'oublie pas que nous ne sommes pas l'auteur de notre position sociale. On se rappelle de la main qui nous a placés là et, à l'occasion, on la remercie encore. « Recevoir de bon cœur, c'est avoir rendu un bienfait » écrit Sénèque [1]. Il n'y a clairement nulle mesure entre un piston (ou tout autre bienfait moins provoquant qu'on imaginera) et un merci. Nous sommes à mille lieux de la logique de la réciprocité. Mais précisément, cet écart, cette asymétrie sont essentiels : car ils impliquent précisément qu'on ne s'acquitte pas de notre dette d'honneur, qu'on ne cherche pas à être quitte. Moins coûteuse est pour nous l'expression de notre gratitude (et un simple « merci » coûte peu, sinon au « cher Moi »), plus déférente est notre gratitude, parce que plus manifestement éloignée du solde de tout compte.

Cette gratitude de déférence, qu'un simple « merci » suffit à manifester, est sans doute l'expression standard ou, au moins, l'expression par défaut de la gratitude : quelqu'un nous tient la porte, on lui dit merci ; quelqu'un nous pistonne, on lui dit merci. Mais la gratitude peut prendre une autre forme, plus pertinente pour notre objet, mais qui suppose toutefois

1. « Qui libenter accipit, beneficium reddidisse », *Des bienfaits*, II, XXX, 1, *op. cit.* vol. 1, p. 55.

que le bienfait réponde à certaines conditions particulières. Considérons une situation un peu différente de la situation paradigmatique que nous avons considérée jusqu'ici, celle d'une personne bien identifiée, accordant à visage découvert un bienfait à une autre personne bien identifiée. Supposons que notre bienfaiteur ait voulu resté anonyme. Nous nous arrêtons à une table de pique-nique au bord de la route et là, la table est mise, des mets nous attendent. Nous pouvons ne pas y toucher parce que nous avons porté notre propre pique-nique. Nous pouvons ne pas nous rendre bénéficiaires. Mais si nous le faisons ? A qui dirons-nous « merci » ? La réponse est qu'il ne sera pas question de « merci ». Nous pourrions dire « merci » à la nature ou à Dieu si nous pouvions penser que la table s'était mise toute seule : mais nous voyons clairement une main et une intention d'homme. Il y a quelqu'un qui a voulu ce bienfait.

Comment répondrons-nous alors à cette situation ? Le point est délicat, mais décisif pour les développements qui vont suivre. Supposons d'abord que nous ayons le sentiment que tout cela a été fait pour nous *en particulier*. Que ferons-nous ? Il est difficile de le dire. Nous serons troublés, hantés, nous chercherons à deviner notre bienfaiteur, pour savoir qui remercier. Mais supposons que nous ayons le sentiment que cela a été fait, non pas pour nous en particulier, mais *pour celui qui viendrait*. Que ferons-nous cette fois ? La réponse est simple : nous ferons pareil ou, plus exactement, nous ferons semblablement. Nous mettrons notre dette d'honneur à *transmettre* le bienfait. Et pourquoi ferons-nous cela ? Pour imiter le bienfaiteur ? Pour être quitte avec lui ? Pas du tout : nous le ferons pour que son bienfait, qui ne nous visait pas nous en particulier, continue de courir et de se dispenser, nous le ferons pour ne pas nous accaparer et terminer en nous ce qui n'était pas fait pour nous.

La logique de cette conduite, nous l'appellerons la *logique du furet*. Elle n'est pas la réponse standard ou par défaut à un bienfait : la réponse standard, c'est la déférence, la déférence focalisée sur un bienfaiteur bien identifié. La logique du furet est plutôt la réponse aux bienfaits *généraux et anonymes* : généraux, parce qu'ils ne nous visent pas nous en particulier, quoique ce soit nous qui en jouissions en particulier ; anonymes, parce que, si une intention bienveillante est présente dans le bienfait, elle n'a ni visage ni nom. Dans ce type de cas, la gratitude de déférence est simplement sans objet, elle n'a pas de prise sur la situation. Mais, en même temps, nous ne sommes pas à jouir d'un bien de la fortune, à tirer bénéfice d'une heureuse rencontre : ce n'est pas la chance qui a fait que nous avons trouvé la table de pique-nique garnie. En acceptant le bienfait, nous ne pouvons donc ignorer que ce bien a été fait, qu'il a un auteur. Témoigner de cette conscience, maintenir fermement l'éthique du bienfait contre la tentation d'une pragmatique de la chance, c'est entrer dans la logique du furet : non point devenir bienfaiteur à notre tour, mais ne pas épuiser le bienfait, le garder actif, le faire se continuer au delà de nous, ce qu'on peut appeler, non une gratitude de déférence, mais une *gratitude de contamination*.

Cette gratitude de contamination est d'application très générale. Elle se rencontre partout où nous tendons à faire bénéficier les autres de conditions favorables, semblables à celles dont nous avons nous-mêmes bénéficié, sans que cependant ce soit pour nous en particulier que ces conditions aient été ménagées. Un marcheur trouve une indication laissée par un anonyme à l'intention de ceux, tout aussi anonymes, qui passeront par là. Ceux qui passeront effectivement et tireront bénéfice de ces indications se garderont de les effacer ; ou bien, par contamination, ils en ajouteront à leur tour, tout aussi anonymement et à destination de semblables inconnus. La gratitude de contamination possède donc une dimension essentiellement sociale, plus que personnelle. Tandis que la gratitude de déférence requiert un visage ou un nom, qu'elle est même la réponse obligée à tout bienfait dont la source possède visage ou nom, la gratitude de contamination nous fait participer à un courant de bienfaisance sociale anonyme ou, si l'on veut, à une société anonyme de bienfaisance. Elle est l'éthique des bienfaits *internes* sans visage.

## LE PERMIS DE JOUIR

Peut-on maintenant faire un pas de plus ? Nous venons de reconstituer les grandes lignes de l'éthique des bienfaits *internes*, de tenter de comprendre pourquoi les bienfaits obligeaient et à quoi ils obligeaient. Or, dans les analyses que nous avons conduites, le caractère intentionnel ou volontaire du bienfait a joué un rôle essentiel. Nous avons vu, en suivant une explication suggérée par Thomas d'Aquin, que c'était la gratuité intentionnelle de l'acte bienfaisant qui obligeait son bénéficiaire, la gratitude de déférence étant une manière d'hommage explicitement rendu à cette intention. Quant à la gratitude de contamination, elle semble requérir la perception d'une intention bienveillante, sous peine de confondre les bienfaits d'une intelligence sans visage et les dons favorables de la Fortune.

Or considérons la différence entre un bienfait intentionnel ou interne et un bienfait inintentionnel ou externe :

– Interne : A joue à B un morceau de musique dont il sait que B aura du plaisir à l'entendre.

– Externe : A joue un morceau de musique : B l'entend et cela lui fait du bien.

Du point de vue des évènements qui se produisent dans le monde, il n'y a aucune différence entre ces deux situations : A joue un morceau de musique, B se complait dans la musique que A joue. Mais les actions accomplies sont très différentes. Dans un cas, l'action accomplie est de faire du bien à autrui en lui jouant de la musique. Dans l'autre cas, l'action accomplie est de jouer de la musique, l'événement causé par cette action ayant pour effet externe de réjouir autrui. Or, à cause de cette différence des actions accomplies, il semble y avoir une importante différence dans la conduite que l'on peut attendre de B. Si l'on imagine qu'il coûte beaucoup à A de rester à jouer de la musique pour B, si A fait, à cause de cela, de grands sacrifices que B n'ignore pas, il sera difficile de ne pas attendre de B qu'il exprime, d'une manière ou d'une autre, ne serait-ce que par un simple merci, la dette d'honneur qu'il a contractée envers A en accueillant son bienfait. En revanche, dans le second cas, on ne voit guère que B ait contracté une « dette d'honneur » vis-à-vis de A. Il a la bonne fortune d'être le voisin d'un musicien dont il apprécie la musique. Mais A ne fait rien pour lui, A ignore même peut-être que B existe ou que B écoute et apprécie sa musique. B peut donc se borner à tirer bénéfice de sa situation de voisinage vis-à-vis de A. Et si, à l'occasion d'une rencontre, B remerciait A pour le bien qu'il lui avait fait sans le savoir ni le vouloir, cette expression de gratitude serait clairement surérogatoire : elle serait belle, louable, généreuse, mais irait-on jusqu'à dire qu'elle était due à A, que le bienfait externe procuré par A à B obligeait B à une gratitude de déférence vis-à-vis de A ? Parce que A n'a pas agi pour le bien de B, parce que le bien de B n'est pas une composante interne de l'action de A, il semble que B ne soit obligé à rien vis-à-vis de A. La logique de l'éthique des bienfaits paraît suspendue par l'externalité du bienfait.

Considérons toutefois un exemple un peu différent. Imaginons que A n'est pas un musicien, mais un entrepreneur. Nous sommes bien sûr dans un pur état de nature : aucune loi n'a été instituée, ni aucune règle de propriété. A exploite une mine et, pour acheminer le minerai extrait de la mine jusqu'à la mer, il améliore les routes existantes. A cause de cela, les B qui vivent dans le voisinage obtiennent de se déplacer plus facilement et d'être eux-mêmes plus régulièrement visités par des négociants en tous genres. A fournit aux B un service gratuit. Plus exactement, A fait quelque chose (moderniser des routes pour acheminer son minerai vers les ports maritimes) qui rend un service gratuit aux B. Les B n'ont rien demandé. Ils auraient pu continuer de vivre avec des chemins peu carrossables. A, lui-même, ne perd rien à laisser les B user des routes qu'il améliore [1]. A est donc un bienfaiteur externe ou inintentionnel.

Est-ce que cependant les B sont quittes ? Est-ce que les utilisateurs de routes bitumées, comme précédemment le voisin mélomane, peuvent jouir sans plus de façon du bienfait que représentent de belles routes bien entretenues ?

Répondre oui, c'est souscrire à un principe miroir du PCN que nous avons introduit au chapitre III. De même que l'externalité des nuisances jointe à l'innocence des actions qui les produisent peut conduire à envisager une *Permission conditionnelle de nuire*, de même l'externalité des bienfaits jointe à l'innocence de l'usage qui en est fait peut conduire à envisager une *Permission conditionnelle de jouir* :

---

1. On admettra que les B sont peu nombreux et font un usage qui ne détériore que marginalement les routes construites par A.

> PCJ : « Il est permis de jouir sans entrave des bienfaits que les autres nous font, dès lors que ceux-ci sont involontaires et que notre jouissance est innocente ».

Ce qui milite en faveur de la PCJ, c'est d'abord l'absence de tout élément intentionnel, de toute bien-*faisance* dans les bienfaits dispensés par A aux B. Si les B n'avaient pas existé, A aurait agi de la même façon : il aurait amélioré les routes ou chemins existants pour acheminer son minerai. Le bien des B ne fait donc pas partie des composantes internes de l'action de A.

Mais ce qui milite encore et de manière sans doute décisive en faveur de la PCJ, c'est que, par hypothèse, la jouissance des B n'occasionne aucune coût significatif pour A. Le musicien dont on écoute la musique, l'exploitant de mines dont on utilise occasionnellement les routes ne subissent *aucun effet négatif en retour*, aucune désutilité. Il est en revanche tout à fait évident que si un tel effet en retour se produisait, si notamment A subissait quelque désutilité du fait de l'usage que les B font des routes qu'il a modernisées, alors un principe élémentaire de droit naturel interdirait aux B de jouir de ce bienfait sans en payer le prix, c'est-à-dire sans compenser la perte d'utilité subie par A. Mais si l'on suppose que ce n'est pas le cas, on peut alors considérer que le bénéfice que les B retirent latéralement de l'action de A est innocent.

C'est donc l'innocence de cette jouissance, jointe au caractère inintentionnel du bienfait, qui semble parler en faveur de la PCJ : il est permis de jouir sans remord du bien que les autres nous font, dès lors qu'ils nous le font sans penser à nous et qu'en en jouissant, nous ne dégradons en rien la valeur de leur activité principale ou focale. Leur action et notre jouissance sont des vies séparées qui s'ignorent ou peuvent s'ignorer. Que la Grande société offre à chacun de multiples occasions de jouir innocemment de l'activité des autres, c'est là une Bonne Fortune générale dont nous n'avons à remercier personne, parce qu'il n'est personne qui veuille ce bien pour les autres et personne qui ne pâtisse de la jouissance qu'il procure.

### L'ÉTAT DES BIENFAITEURS FORCÉS ET LE COLLECTIF DES SOCIÉTAIRES BIENFAISANTS

L'affaire est-elle entendue? L'externalité des bienfaits suspend-elle tout réquisit éthique et, en présence de bienfaits externes, la PCJ doit-elle prendre la place du principe de gratitude qui gouverne l'éthique des bienfaits internes?

Il n'est pas douteux que la PCJ s'accorde fort bien avec les bienfaits externes que l'on peut appeler *d'occasion*, ceux qui nous réjouissent lorsque nous croisons leur route, qui introduisent un supplément inattendu de plaisir ou d'aisance au sein des activités que nous menons par ailleurs, mais dont nous n'avons nul besoin ou, du moins, dont la disparition nous est indifférente. L'automobiliste qui, après de longs kilomètres de traversée de zones artisanales et commerciales, aperçoit un bel édifice niché dans un coin de verdure, reçoit un bienfait esthétique d'occasion, dont il serait extravagant d'exiger qu'il aille remercier le constructeur du bâtiment de le lui avoir fourni. Mais, aussi bien, le voyageur n'interrompra pas son périple pour autant ou ne deviendra pas incapable de pouvoir désormais rouler au milieu d'une ZAC. Il a joui un instant; ce plaisir fut meilleur que son absence, mais notre voyageur ne s'est pas engagé dans une activité nouvelle ou n'a pas durablement transformé l'activité à laquelle il se livrait du fait de cette heureuse rencontre. Il a joui innocemment: c'est fini, il n'y pense plus.

Mais considérons nos B qui jouissent des routes modernisées par A. Est-ce une jouissance d'occasion ? Sans doute, si l'on en regarde la source ou l'origine. Mais certainement pas si l'on regarde l'usage que les B en font. Car il paraît clair que ces routes vont changer leurs vies, que des activités nouvelles vont devenir possibles, que ce qui a surgi sans avoir été demandé va devenir indispensable à la vie nouvelle des B. Ces routes ne sont pas seulement des biens, générant une jouissance épisodique, mais des ressources, générant des bénéfices durables.

Dans ce type de cas, il est difficile de ne pas voir dans la PCJ une forme de légitimation du *parasitisme*. Sans doute serait-il abusif de voir du parasitisme partout où quelqu'un tire bénéfice de ce qu'un autre a fait, sans obtenir l'autorisation de cet autre. Mais dans le cas de nos B, qui jouissent durablement des routes modernisées par A sans avoir eu à débourser un centime, il est difficile de ne pas songer à du parasitisme.

Pour clarifier ce point, précisons ce concept de parasitisme. On peut admettre qu'il y a parasitisme de B vis-à-vis de A, lorsque B :

1. fait un usage récurrent ou durable de quelque chose que A fait ou a fait,
2. sans le consentement de A,
3. en réduisant d'autant la valeur ou l'utilité disponible pour A,
4. ou en s'épargnant la peine ou le coût de produire ce que A fait ou a fait.

La condition 1 distingue les bienfaits que nous avons appelés d'occasion et ceux sur lesquels pèse un soupçon de parasitisme. Se complaire occasionnellement au chant de son voisin passera difficilement pour du parasitisme. En revanche, on pourra devenir plus soupçonneux si c'est de manière répétée que l'on s'emploie à se trouver au bon endroit lorsque notre voisin chante. *A fortiori* si, ce faisant, on s'économise d'acheter ses disques ou de payer pour l'entendre en concert (condition 4).

La condition 2, qu'on pourrait appeler condition de furtivité, est également nécessaire. Car il n'y aura évidemment nul parasitisme si c'est de manière volontaire que A permet à B d'user de ce qu'il fait, s'il agit donc en bienfaiteur *interne*.

Quant aux conditions 3 et 4, elles sont alternativement nécessaires et correspondent à deux degrés de parasitisme, au sens où la condition 3 paraît correspondre à un plus haut degré de parasitisme que la condition 4. La forme de parasitisme associée à la condition 3, on peut l'appeler *parasitisme de succion* : B soustrait à A une partie, même infime, de ce qu'il produit. Le parasitisme consiste ici dans la soustraction actuelle ou effective d'une partie du bien produit par A. L'autre forme de parasitisme, on peut l'appeler *parasitisme d'opportunité*. Elle suppose, pour ne pas y inclure la forme précédente de parasitisme, que le bien produit par A soit non-rival : c'est-à-dire qu'en en usant, B ne diminue en rien la part restant à A[1]. Le parasitisme réside alors dans le fait que B laisse A assumer seul la peine ou le coût d'une activité dont il tire bénéfice.

Entre ces deux formes de parasitisme, il y a une évidente hiérarchie de gravité. Il paraît plus grave, plus immédiatement contraire à la justice, de soustraire quelque chose à quelqu'un que de ne pas contribuer à la production du bien non-rival qu'il met involontairement à notre disposition. Néanmoins, on ne saurait tenir pour moralement innocente la conduite consistant

1. Dans le cas où le parasitisme est simultanément de succion et d'opportunité, le premier domine voire évince le second.

à profiter de l'activité d'autrui en s'épargnant soi-même de payer. Car n'est-ce pas un solide principe de justice que celui du partage des peines autant que des bénéfices? Chacun ne devrait-il pas contribuer à la production des biens communs, au moins à proportion de l'utilité qu'il en retire et, éventuellement, de ses ressources?

Il est donc peu contestable que le parasitisme d'opportunité est moralement problématique, même si c'est à un moindre degré que le parasitisme de succion. Le spectacle de deux personnes qui jouissent l'une et l'autre, même à des degrés divers, d'un même bien commun, tandis que l'une seulement supporte la peine de produire ce bien, ne peut passer pour une situation moralement anodine. Force est donc d'y regarder à deux fois avant de poser qu'il est permis de jouir sans entraves des bienfaits que les autres nous dispensent involontairement. Car il est très clair que dans certains cas, dont notre exemple des routes bitumées est une illustration, un permis de jouir s'apparente à un permis de parasiter. Or une *éthique* des bienfaits externes ne peut légitimer voire encourager le parasitisme. Elle doit même favoriser tout ce qui peut contribuer à lutter contre le parasitisme et, plus généralement, tout ce qui peut contribuer à débarrasser la Grande société des effets externes générateurs de parasitisme.

Comment cependant séparer le bon grain de l'ivraie? Comment éviter que la vie dans la Grande société ne condamne l'homme à être un parasite de l'autre homme?

Commençons d'abord par essayer de caractériser ceux des bienfaits externes qui donnent matière à parasitisme. La tâche n'est pas bien compliquée. Les cas principalement concernés sont en effet ceux, largement documentés dans la littérature économique et la théorie des jeux, où un agent, parce qu'il en a plus besoin que d'autres et a les ressources pour cela, produit seul un bien à la fois non rival et, surtout, non exclusif, autrement dit un *bien public* dont les autres vont bénéficier gratuitement. Les routes bitumées de notre précédent exemple en sont une illustration. Les B peuvent, dans certaines limites, utiliser ces routes sans affecter l'usage que A peut en faire[1]. Mais, surtout, A ne peut pas, sauf à un coût excessif, contrôler l'accès des B aux routes qu'il a modernisées et, par là, les forcer à contribuer à proportion de l'utilité qu'ils en retirent[2]. Le parasitisme est donc ici un sous-produit du libre accès. Or pourquoi le libre accès génère-t-il du parasitisme ? Ce n'est pas seulement parce qu'il permet à quiconque d'accéder à un bien qu'il n'a pas contribué à produire. C'est surtout parce qu'il fait du producteur de ce bien un *bienfaiteur forcé*. N'importe qui en effet pourrait, en principe, produire un bien public et, dans une situation contrefactuelle où chacun serait solitaire, il le produirait pour lui-même s'il s'agissait d'un bien public indispensable à la vie. Mais, dans le contexte de la Grande société, il suffit que l'un le produise pour que les autres soient pourvus. Les producteurs de biens publics sont donc forcés de mettre ce bien à disposition des autres. Ils n'ont pas la possibilité, sauf à un coût prohibitif, de requérir des autres sociétaires qu'ils contribuent à proportion de l'utilité qu'ils retirent du bien qu'ils mettent à leur disposition. De même que la Grande société peut nous exposer à être des malfaisants forcés, elle peut donc tout aussi bien nous exposer à être des bienfaiteurs

---

1. En fait, dans un grand nombre de cas, la non-rivalité est une question de degré. Si les B sont deux, A ne le sentira pas passer. Mais si les B sont cent mille, les routes s'useront ou seront engorgées et l'utilité de A sera affectée : le parasitisme d'opportunité se compliquera d'un parasitisme de succion.

2. Rappelons que nous sommes dans un état de nature, qu'il n'y a donc pas de droit de propriété et donc de distinction pertinente entre routes privées et routes publiques.

forcés, à agir vis-à-vis des autres comme si nous étions leurs bienfaiteurs, lors même que nos intentions ne sont pas du tout de leur prodiguer des bienfaits. Si la Grande société peut nous condamner à faire du mal aux autres sans le vouloir, elle peut aussi nous amener à leur faire du bien contre notre gré.

Cette situation est, malgré l'apparence, très fâcheuse[1]. Elle fait peser un pénible soupçon sur les bienfaits externes et, au delà sur l'éthique de ces bienfaits. Car le cœur de la bienfaisance n'est-il pas dans l'intention libérale et généreuse qui l'anime, dans le souhait de faire gracieusement du bien à autrui ? Or si les bienfaits externes sont des bienfaits forcés, des bienfaits arrachés à l'esprit de lucre et d'intérêt des sociétaires par la disposition des choses dans la Grande société, comment peut-on les regarder comme une extension des bienfaits internes, comme une manière supplémentaire, pour l'homme, de faire du bien à l'autre homme ? Où est le bien dans une situation qui fait se rencontrer le regret de donner du bienfaiteur forcé et la jouissance furtive du parasite malin ?

Cette situation n'est cependant pas sans remède. Que faudrait-il obtenir en effet ? Non pas bien sûr qu'il n'y ait plus de biens publics et de bienfaits gratuits, mais qu'il n'y ait plus de bienfaisance forcée. Car c'est seulement parce qu'il y a bienfaisance forcée qu'il y a parasitisme : je ne suis pas un parasite si je jouis de ce qu'on me donne libéralement ou, simplement, si je jouis de ce qu'autrui ne souhaite pas faire payer à ceux qui en usent. Remédier au parasitisme, ce serait donc simplement et trivialement permettre à ceux qui ne

---

1. L'asymétrie du bien et du mal, que nous avons plusieurs fois évoquée, explique que l'on soit moins choqué par le fait d'être forcé de faire du bien aux autres que par le fait d'être forcé de leur faire du mal.

veulent pas faire du bien aux autres d'être payés pour ce qu'ils leur offrent malgré eux.

Une première manière d'obtenir ce résultat, c'est de compliquer la PCJ, de renforcer les *conditions* qui légitiment la jouissance sans entrave. On pourrait poser que la vraie règle devant régir l'accueil des bienfaits externes par les membres de la Grande société, c'est la PCJ jointe à une ICP, une *Inquiétude constante de payer* :

> ICP : « Tu dois t'inquiéter de savoir si les effets externes bénéfiques des activités des autres ne sont pas payants. »

L'ICP est à l'éthique des bienfaits externes ce que l'IIMEE est à l'éthique des méfaits externes. Elle institue une responsabilité sociale des sociétaires, non à l'égard des méfaits externes qu'ils peuvent perpétrer, mais à l'égard des coûts qu'ils peuvent laisser les autres assumer seuls et contre leur gré. Un sociétaire mu par l'ICP serait rongé par la crainte d'être un parasite. Il tirerait mille et un bénéfices externes de sa vie dans la Grande société, mais, à chaque fois, sa jouissance serait inquiète. Il chercherait à remonter au Visage qu'il devine derrière l'effet externe positif qui lui tend la main, il s'inquiéterait de savoir s'il n'y a pas quelque chose qu'il doit payer, s'il n'y a pas une peine dont il devrait prendre sa part, un coût qu'il devrait assumer.

Il est très certain que des sociétaires animés d'un tel état d'esprit contribueraient à prévenir la Grande société contre le parasitisme. Mais leur vie serait bien difficile et bien pénible et ils en viendraient peut-être à maudire le fait que la Grande société fasse de l'homme un bienfaiteur involontaire de l'autre homme : car qui ne voit l'immensité des coûts de transaction qu'il leur faudrait acquitter pour jouir sans inquiétude du son d'une voix ou du spectacle d'un bel édifice ? Qui ne voit le stress moral dans lequel ils seraient en permanence, en marchant dans la rue, en entendant des gens parler, en regardant une devanture, en s'asseyant sur un banc, etc. ?

Mais il y a certainement plus efficace et moins stressant que la vertu. Pour apercevoir cet autre remède au parasitisme, il suffit de se rappeler qu'en amont du parasitisme, il y a un bienfaiteur forcé. Certes, dans des conditions idéales, le producteur d'un bien public ne subit aucune soustraction ou succion de valeur. Mais un bienfaiteur forcé reste un échangiste frustré : il ne peut obtenir d'autrui qu'il paye pour le bien qu'il met à sa disposition. Or si les échangistes frustrés sont un certain nombre, n'auraient-ils pas intérêt à s'associer pour s'aider les uns les autres à obtenir de ceux auxquels ils font du bien sans le vouloir qu'ils payent leur part ?

On l'aura deviné : un autre remède au parasitisme, plus expédient que la simple vertu des sociétaires eux-mêmes, réside dans l'émergence de ce parèdre de l'État des VHO qu'est *l'État des Bienfaiteurs forcés* [BF]. Nous avons vu que l'État des VHO émergeait inévitablement de la nécessité éprouvée peu à peu par les victimes de nuisances externes d'entrer en relation avec leurs bourreaux obliques en limitant les coûts de transaction. On peut dès lors avancer que, symétriquement, un État des BF peut tout aussi naturellement émerger lorsque ces bienfaiteurs forcés que sont les producteurs de biens en libre accès en viennent à vouloir mettre à contribution leurs parasites ou simplement lorsque les sociétaires se résolvent à couper court à l'indécision stratégique dans laquelle ils se trouvent lorsque alternent, dans leur cœur et leur volonté, le désir d'être pourvus en biens publics et la crainte d'être parasités par les autres. Ils peuvent demander à l'État des BF de récupérer pour eux et à sa façon si caractéristique, par des taxes ou des péages, la part de peine que les parasites

s'approprient en jouissant gratuitement des biens qu'ils leurs
fournissent.

Il est clair que la fonction remplie par un tel État des BF a
une moindre urgence morale que celle que remplit l'État des
VHO, ce qui est une autre conséquence de l'asymétrie du bien
et du mal : il paraîtrait plus grave pour la Grande société d'être
rongée par les nuisances obliques que de laisser prospérer le
parasitisme d'opportunité. Ne pas donner aux victimes de
nuisances externes le moyen de négocier avec leurs pollueurs
paraît plus grave que de ne pas donner aux bienfaiteurs forcés
le moyen de réduire un peu leurs coûts en faisant contribuer
ceux qui bénéficient de leurs bienfaits forcés. Par ailleurs, il est
évident que les victimes de nuisances externes sont plus
nombreuses que les bienfaiteurs forcés, de sorte que l'État des
VHO peut plus facilement et plus rapidement avoir la masse
critique lui permettant d'imposer ses arbitrages aux nuisants
obliques, au lieu que l'association des bienfaiteurs forcés aura
sans doute besoin de plus de temps et, peut-être même, de la
collaboration des adeptes de l'ICP pour acquérir la capacité de
mettre les parasites à contribution. Mais quoiqu'il y ait une
moindre urgence à lutter contre le parasitisme d'opportunité
qu'à lutter contre les nuisances externes et quoique l'association informelle des parasites puisse ralentir la montée en
puissance de l'association volontaire des bienfaiteurs forcés,
un État des BF doit finir par émerger.

Et, ce qui le prouve, c'est que, de fait, un État des BF a
partout émergé. Nous l'avons rappelé dans un chapitre précédent : ce qu'on appelle l'État est une réalité modulaire : il y a
l'État-Léviathan, l'État redistributeur, l'État paternel, l'État
des VHO. Mais il y a précisément aussi l'État des BF. Il y a
cette dimension de l'action des États réels ou empiriques qui
consiste à forcer les gens à payer pour les biens publics dont ils

profitent : pour les routes, pour la police, etc. Derrière cette fonction empirique d'administration des biens publics, il y a donc cette raison autant d'intérêt que de moralité que nous sommes en train d'identifier : purger la Grande société du parasitisme à laquelle elle est exposée, du fait de la libre accessibilité de certains biens indispensables à la vie et à la qualité de la vie.

Considéré d'un point de vue philosophique, le rôle de l'État des BF peut donc s'interpréter comme une opération de filtrage ou de tri appliquée aux bienfaits externes que l'on rencontrerait dans un pur état de nature. Dans un pur état de nature, l'homme serait en effet autant un opportun occasionnel qu'un parasite récurrent. On ne peut évidemment écarter que, dans un pur état de nature, des sociétaires soient spontanément ou naturellement sensibles à l'ICP. Mais il est peu probable que tous le soient et il est certain que même ceux qui le seraient ne pourraient parvenir à ne jamais être des parasites, compte tenu de la somme formidable d'informations qu'il leur faudrait recueillir pour trouver tous les Visages qui se dissimulent derrière les effets externes dont la vie sociale les gratifie. L'État des BF remédie à ce problème des Visages absents. Il sépare le bon grain de l'ivraie, les « bons » bienfaits externes, ceux dont on peut jouir sans entraves, et ces bienfaits forcés qui nourrissent les parasites.

Mais, dira-t-on, n'est-ce pas une bien triste solution au problème soulevé par le parasitisme que l'institution de l'État des BF ? Car, au fond, que fait l'État des BF sinon introduire dans l'espace des échanges ou, du moins, dans l'espace du payement partagé ce qui, dans un pur état de nature, resterait pour beaucoup dans l'espace de la gratuité bienfaitrice ? L'état de nature connaîtrait certes le parasitisme, mais il aurait la gratuité. N'est-il pas fâcheux de sacrifier la gratuité des

bienfaits pour remédier au parasitisme qu'ils impliquent?
N'est-ce pas un échange aussi dramatique que celui qui, à la
racine de l'État-Léviathan, conduit les hommes à troquer leur
liberté contre de la sécurité?

Mais qui a dit que le rôle de l'État des BF se réduisait à faire
partager entre les sociétaires la peine de produire des biens
publics? Ce que permet en effet l'État des BF, c'est que les
producteurs de biens publics ne soient plus des bienfaiteurs
forcés. Mais être un bienfaiteur forcé, c'est à la fois *ne pas être
un échangiste*, mais aussi *ne pas être un bienfaiteur volontaire*.
Car peut-on dire que l'on offre librement quelque chose, que
l'on dispense gracieusement un bienfait si l'on n'a pas le
pouvoir de retenir ou de faire payer? En réalité, dès que l'État
des BF a émergé, la *possibilité* est également ouverte de laisser
les sociétaires jouir gratuitement et sans entrave des biens
publics. Autrement dit, si l'État des BF peut réclamer une
contribution aux utilisateurs des biens publics, il peut aussi
*volontairement* laisser ceux-ci à l'état de gratuité, en vertu
d'un choix social collectif.

Ce qu'accomplit l'État des BF, c'est donc au fond d'internaliser au plan collectif une partie de ce qui, dans un pur état de
nature, existerait sous forme d'effets externes. Mais cette
internalisation peut aussi bien transformer un bien public en
bien marchand ou payant qu'en *bienfait social interne*. L'État
des BF peut à tout instant se muer en *Collectif des Sociétaires
Bienfaisants* [CSB] et c'est alors sans parasitisme aucun que
l'on jouit sans entrave d'un bien public mis gracieusement à
notre disposition par le CSB.

Dans une société au sein de laquelle un État des BF a fini
par émerger, il n'est donc pas vrai que tous les biens publics
sont devenus payants. Ce qui est vrai, c'est que cette société,
si l'État des BF est efficient, ne contient plus de parasites

d'opportunité. Mais ne pas être un parasite, cela peut signifier : payer sa part, contribuer au financement du bien public. Mais cela peut également signifier : être le bénéficiaire d'un bienfait social *interne* du CSB[1]. Ce que l'État des BF corrige, c'est donc autant l'injustice du parasitisme d'opportunité que la bienfaisance tronquée que constitue une bienfaisance forcée.

## LE DÉMÉRITE ET LA GRANDE DETTE

Avons-nous, avec l'État des BF, atteint le terme ultime de l'éthique des bienfaits externes ? Celle-ci peut-elle se résumer par les deux règles suivantes :

1. Tu peux jouir sans entrave des bienfaits externes que la vie sociale te dispense occasionnellement.

2. Tu dois en revanche accepter de payer ta juste part des biens publics dont tu jouis durablement, sauf si le Collectif des Sociétaires Bienfaisants t'en fait le don gracieux.

Sous réserve de quelques complications d'application, ces deux règles suffiraient sans doute à déterminer comment nous devons nous comporter à l'égard des bienfaits externes dont nous gratifie la vie dans la Grande société, s'il était certain que l'on pouvait regrouper tous les effets externes positifs sous les deux grandes rubriques que nous avons isolées, celle des bienfaits d'occasion et celle des biens publics ou des biens en libre accès, rubriques que nous avons illustrées par l'exemple du Musicien dont le chant est un bienfait pour celui qui l'entend et par l'exemple de l'Exploitant de minerai amené à moderniser les routes de la région.

---

1. Et manifester notre gratitude à l'égard de ce Collectif anonyme. Rien d'autre donc, si l'on en croit Durkheim, que l'origine de toute religion.

Mais considérons un troisième exemple, celui du Boulanger. Le Boulanger vit de la vente de son pain à ses clients. Cependant, celui qui a en lui les talents d'un Boulanger pourrait-il vivre de son talent, s'il vivait seul sur une île déserte ? Ou bien s'il vivait entouré de gens tous allergiques à la farine et à la levure ? Il est en réalité manifeste qu'il y a quelque chose dont le Boulanger tire bénéfice, à savoir la présence d'autres gens et de gens qui se trouvent avoir besoin de pain. Ce bénéfice, le Boulanger ne le paye pas. Il ne rémunère pas les gens pour leur existence et leurs préférences. Ce bénéfice est en réalité un bienfait que les autres lui font, sans le vouloir. Or ce bienfait peut difficilement être tenu pour un bienfait d'occasion. C'est en effet de manière récurrente, durable, et avec des conséquences substantielles, que ce bienfait est exploité par le Boulanger. On peut même imaginer que le Boulanger cherchera à jouir de ce bienfait externe, qu'il n'hésitera pas à déménager pour se rapprocher de gens ayant des préférences ajustées à ses talents. Le Boulanger est-il pour autant un parasite de l'existence de ses clients et de leur besoin de pain ? Pour être un parasite, on l'a vu, il faut ou bien soustraire de la valeur ou bien s'épargner de peiner ou de payer en laissant l'autre le faire à notre place. Mais le Boulanger s'approprie-t-il l'existence ou les préférences de ses clients ? Il leur prend de l'argent certes, mais il leur donne du pain en échange. En aucune façon, et ces perspectives confinent même au non-sens, il ne s'approprie leur être ou ne s'approprie leurs préférences. Mais le Boulanger n'est-il pas au moins un parasite d'opportunité ? Il faudrait pour cela qu'il laisse ses clients assumer seuls la peine et le coût de leur existence et de leurs besoins. Mais, là encore, cette perspective confine au non-sens : les clients ne produisent pas leur existence ou leurs besoins comme on produirait un pont ou comme on bitumerait des routes. Être et être ce qu'on est n'est pas quelque chose que l'on fait ou produit, quelque chose qui a un coût, qu'on pourrait s'épargner de payer ou dont on pourrait partager la charge avec d'autres. Le Boulanger tire opportunité de l'existence de gens ayant besoin de pain, mais il n'est pas le parasite de ces gens.

Comment caractériser de manière plus générale les bienfaits dont le rapport du Boulanger à ses clients est une illustration ? Il ne fait pas de doute que nous sommes bien dans la rubrique des bienfaits, et des bienfaits externes. L'existence d'autrui avec toutes ses caractéristiques n'est pas un objet d'échange, mais quelque chose qui se donne à moi et qui me fait du bien. Et le bienfait que peut représenter pour moi cette existence d'autrui n'est pas un bienfait interne, quelque chose dont autrui m'a fait volontairement don. Autrui ne s'est pas mis à exister pour moi. Je tire opportunité de son existence, je ne paye rien pour cela, mais ce n'est pas non plus le résultat d'une conduite planifiée de la part d'autrui. Il est là, c'est tout, et moi, je jouis de son être-là.

Pour caractériser ce type de bienfaits externes, nous proposons de distinguer des bienfaits *simplement externes* et des bienfaits *doublement externes*. Des bienfaits simplement externes sont des bienfaits que les autres nous font par la force des choses, mais que nous pourrions, soit réellement soit logiquement, nous procurer nous-mêmes à nous-mêmes si nous ne nous trouvions pas à bénéficier de l'activité des autres. Par contraste, des bienfaits doublement externes sont à la fois des bienfaits que les autres nous font par la force des choses, mais également que seuls les autres peuvent nous faire, dont il serait réellement et même logiquement impossible que nous nous les procurions nous-mêmes à nous-mêmes, si les autres n'étaient pas là ou n'agissaient pas comme ils le font. Ainsi les routes bitumées sont-elles un bienfait simplement externe, parce qu'on peut imaginer que ceux qui en tirent bénéfice auraient pu les bitumer eux-mêmes si l'Exploitant de minerai n'avait pas pris l'initiative de le faire. En revanche, le bienfait que représentent l'existence et les besoins des autres est doublement externe : non seulement c'est un bienfait que les autres nous procurent par la force des choses, mais c'est aussi un bienfait que seuls les autres peuvent nous procurer. Un autre exemple typique de bienfait doublement externe est l'immense legs que les générations antérieures font à celles qui les suivent. Les générations qui nous ont précédés n'ont pas choisi de nous léguer ce qu'elles ont produit et n'ont pas consommé. Elles auraient certes pu pratiquer la politique de la terre brûlée, mais elles auraient alors dû payer très cher pour ne pas nous faire du bien[1]. Mais ce bienfait involontaire qu'elles nous font est doublement externe. Il est externe parce qu'il est en bonne

---

1. C'est une facilité que s'autorisent beaucoup de théoriciens contemporains de l'éthique intergénérationnelle que de raisonner comme si chaque génération pratiquait des legs volontaires aux générations futures. L'éthique intergénérationnelle devient ainsi accessible aux principes de l'éthique des bienfaits *internes* et chaque génération se voit en conséquence imposer de pratiquer ce que nous avons appelé la *logique du furet*, qu'on appelle parfois *réciprocité indirecte descendante* (*cf.* A. Gosseries, *Penser la justice entre les générations*, Paris, Aubier, 2004, p. 148 *sq.*). Mais est-ce pour le bien des générations futures que l'on construit des ponts ou des routes, que l'on fait des recherches scientifiques, etc. ? La part indéniable de devoirs que comporte le rapport aux générations futures concerne, comme nous l'avons précédemment noté, les effets externes négatifs futurs de nos activités présentes. Les « victimes » futures ne pouvant nous imposer de nous restreindre ou de nous abstenir moyennant compensations, nous *devons* anticiper leurs demandes. Mais il ne va nullement de soi que nous ayons aussi l'obligation de leur transmettre des actifs parce que nous en avons reçus des générations antérieures : est-on certain que celles-ci nous en aient fait don ? N'est-ce pas plutôt qu'il leur en aurait coûté de pratiquer la politique de la terre brûlée ? Celui qui laisse quelque chose parce qu'il est mort a-t-il fait don de ce qu'il laisse ?

partie inintentionnel. Mais il est également externe parce qu'à mesure qu'on avance dans le temps, aucune génération, *a fortiori* aucun individu dans aucune génération ne pourrait se procurer par lui-même tout ce que les générations antérieures lui lèguent.

En quoi cette distinction entre des bienfaits simplement externes et des bienfaits doublement externes est-elle éclairante pour notre propos ? Parce qu'elle permet d'expliquer pourquoi les bienfaits qu'illustre l'exemple du Boulanger n'exposent pas celui qui en jouit à être un parasite. Car un bienfait doublement externe est un bienfait que je n'aurais pu me procurer moi-même, ce qui paraît écarter une cause importante de parasitisme : celle qui consiste à laisser faire par les autres ce que nous pourrions faire nous-mêmes, soit seuls, soit avec eux.

Reste qu'on peut ici formuler une objection : suffit-il vraiment qu'un bienfait soit doublement externe pour immuniser son bénéficiaire contre la menace du parasitisme ? Considérons en effet le legs des générations antérieures : si l'on admet que ce legs est un bienfait doublement externe, ne peut-on pas dire que chaque génération est le parasite de celles qui l'ont précédée ? Les générations antérieures ont peiné à produire ce qu'elles nous lèguent : or nous en jouissons sans payer notre part. Par exemple, elles ont investi pour parvenir à telle découverte scientifique et nous jouissons, nous, de la découverte qu'elles nous lèguent sans avoir rien payé.

La réponse à cette objection, qui concerne de manière spécifique l'éthique intergénérationnelle, nous paraît résider dans la prise en compte de l'étendue du temps et de la succession au long cours des générations. Car, si l'on y réfléchit bien, il n'est pas vrai qu'une génération soit condamnée à se faire parasiter par la suivante. Chaque génération peut en effet très bien faire payer la suivante : il suffit qu'elle lui laisse, non seulement des actifs ou des biens, mais aussi des *dettes* publiques. Car la dette publique peut se comprendre comme une manière de faire contribuer les générations futures au financement de biens dont elles jouiront au moins autant que nous, et même plus, si les effets de nos investissements ne se font sentir qu'à long terme [1].

Supposons alors que chaque génération fasse payer à la suivante son legs net, autrement dit ce qu'elle aura ajouté à ce qu'elle aura elle-même reçu des générations antérieures et n'aura pas consommé. Il suit que chaque génération recevra a) le legs net de la génération immédiatement antérieure, qu'elle payera *via* la dette publique qui lui aura été transmise et b) le legs de toutes les générations antérieures à la précédente, legs dont la valeur aura été acquittée par partie à chaque génération et qui sera donc pour elle un bienfait gratuit.

La conséquence paradoxale, mais à notre sens impeccable de ce raisonnement, est que si chaque génération veille à bien faire payer à la suivante son legs net, *via* la dette publique qu'elle lui transmet, alors aucune génération ne sera le parasite

---

1. On peut toutefois contester que l'on soit fondé à faire payer à autrui un bien qu'on met en partie à sa disposition, lors même qu'il n'a pas consenti à le recevoir : « On ne peut pas fournir aux gens des bénéfices, puis leur demander de payer leur part » écrit Nozick (*Anarchy, State and Utopia*, p. 95). Si on accepte ce raisonnement, l'argument que nous allons avancer qui non seulement autorise mais oblige chaque génération à faire payer aux suivantes une part des actifs qu'elle leur laisse, devient sans objet. Reste qu'on peut arguer que la spécificité du rapport intergénérationnel, qui empêche purement et simplement que les générations futures consentent à quoi que ce soit, peut autoriser un raisonnement différent. Si on admet qu'on peut juger aujourd'hui de ce que les générations futures ne voudront pas subir de nous, alors on doit aussi admettre que nous pouvons juger de ce que ces générations voudront qu'on leur ait laissé.

d'aucune autre, quoique chacune recevra à titre de bienfait doublement externe le legs de la pénultième génération et de celles qui ont précédé cette dernière[1]. Mieux : chaque génération a *l'obligation* de faire payer à la suivante son legs net, car une génération qui omettrait de faire payer la suivante vouerait *toutes* les générations ultérieures à un irrémédiable parasitisme, au moins jusqu'à épuisement ou destruction du legs impayé.

Cette règle d'éthique intergénérationnelle est sans conteste paradoxale. Mais elle se comprend si l'on veut bien admettre que c'est une exigence de l'éthique des bienfaits externes, dont l'éthique intergénérationnelle est une dépendance, que de ne pas condamner les autres au parasitisme. Je ne suis pas un bienfaiteur, mais un malfaiteur moral si je condamne les autres à choisir entre l'ascèse et le parasitisme : l'ascèse de se priver

---

1. On voit qu'il peut donc y avoir une double injustice en matière de dettes publiques : une injustice au détriment de la génération légatrice, si celle-ci ne parvient pas à faire suffisamment de dettes publiques, en raison par exemple de l'abondance de ses rentrées fiscales ; une injustice au détriment de la génération légataire, si la génération légatrice fait bien plus de dettes qu'elle ne lègue de ressources ou de biens capitaux. Mais la dette associée aux actifs qu'on laisse après nous doit être agrégée avec la dette correspondant aux renoncements que les générations futures nous imposent aux fins de limiter nos effets externes négatifs et que nous avons présentée au chapitre 3 *supra*. Si cette double *éthique de la dette* était systématiquement appliquée, il devrait donc en coûter de plus en plus cher de venir au monde, à mesure qu'on avancerait dans le temps. Même si l'on trouve cette conclusion excessivement paradoxale voire choquante, il nous semble cependant indéniable qu'une part importante de l'éthique inter-générationnelle roule sur la question de la juste dette et qu'il est de ce point de vue tout à fait étrange de voir aujourd'hui la dette publique présentée comme un préjudice infligé aux générations futures. Seule une génération qui n'accroîtrait pas le legs des générations antérieures et ne produirait aucune externalité négative d'héritage aurait l'obligation de ne faire aucune dette.

de la jouissance des bénéfices que je leur transmets ou le parasitisme d'en jouir sans ne *plus pouvoir* payer leur part.

Mais cette règle paradoxale d'éthique intergénérationnelle peut surtout nous conduire, si l'on revient à notre analyse de départ, à caractériser plus complètement ces bienfaits externes que l'exemple du Boulanger a cherché à illustrer. Rappelons tout d'abord les termes du problème : ces bienfaits doivent être d'une nature telle que leur bénéficiaire soit immunisé contre le risque de parasitisme. De quelle nature doit être un bienfait pour répondre à cette condition ? Ce que montre l'exemple du legs des générations antérieures, c'est qu'il ne suffit pas qu'un bienfait soit doublement externe pour immuniser son bénéficiaire contre le risque du parasitisme. Un bienfait doublement externe est un bienfait que je ne peux recevoir que des autres, un bienfait que je n'aurais pu me procurer à moi-même. Mais on ne peut écarter qu'un bienfait doublement externe ait cependant un coût pour les autres : il s'agit certes de quelque chose que je ne m'épargne pas de produire, puisque je ne peux le recevoir que des autres. Mais il peut quand même s'agir de quelque chose que je pourrais payer, à défaut de pouvoir le produire moi-même. Il suit que seuls les bienfaits doublement externes dont la production n'*occasionne aucun coût* à leurs dispensateurs peuvent répondre au concept d'un *bienfait immunisant son bénéficiaire contre le risque de parasitisme*, ce que nous appellerons un BIRP.

Que sont les bienfaits de ce type ? Ce sont principalement ceux qui naissent de la *simple existence* présente ou passée des autres hommes, en même temps que de leurs *manières d'exister* et de vivre, de leurs besoins, de leurs préférences, de leurs aversions. Les clients du Boulanger ne se donnent pas la peine d'exister. Et pas non plus d'avoir le goût du pain. Sans qu'ils ne le veuillent, et sans que ça ne leur coûte, leur existence et leurs préférences sont un bénéfice gratuit pour le Boulanger.

Mais ce qui est vrai de nos contemporains l'est aussi des générations qui nous ont précédés. Il est vrai qu'elles se sont donné la peine de produire ce qui nous reste d'elles. Mais lorsque le legs de ces générations passées a été entièrement amorti par celles qui les ont suivies, ce legs n'est plus que la continuation de leur existence ou la trace de celle-ci. Les *actifs amortis* des générations antérieures sont ce qui subsiste de leur nue existence passée, leur façon à elles de continuer de nous dispenser le bienfait de leur existence.

Comment nous conduire à l'égard de ces opportunités gratuites que la Grande société fait inintentionnellement sourire à nos talents ? Si les bienfaits obligent, à quoi les BIRP nous obligent-ils ? Compte tenu de leur nature, il est manifeste que les BIRP tombent entièrement en dehors du domaine de compétence et de légitimité de l'État des BF, de sorte que la deuxième des règles que nous avons précédemment dégagées est ici sans objet. Mais qu'en est-il de la première ? En va-t-il des BIRP comme des bienfaits d'occasion : pouvons-nous en jouir sans vergogne ? La PCJ doit-elle, dans ce registre aussi, régner sans partage ?

Ce qui milite en faveur d'une extension du champ de la PCJ, c'est que les BIRP n'ont pas coûté une heure de peine à leurs dispensateurs involontaires et qu'aucune désutilité ne leur est imposée lorsqu'un opportun en tire bénéfice. Pourquoi le Boulanger qui tire bénéfice de l'existence d'amateurs de pain ne pourrait-il se conduire comme le Mélomane qui retire une jouissance d'occasion du beau chant qu'il entend en passant devant une fenêtre ouverte ?

Ce serait toutefois oublier la différence qui sépare une ressource d'un instant de plaisir. Soit, pour changer de paradigme, un Joueur de football : pourquoi est-il beaucoup plus riche qu'un Jongleur de petits pois ? Est-ce parce qu'il a plus de talent ? Pour autant que l'on puisse comparer des talents, il ne paraît pas que le talent de l'un soit plus grand que le talent de l'autre[1]. En revanche, le Joueur de football a la bonne fortune d'avoir un talent qui répond à l'intérêt de ceux avec qui il vit. Sur une île déserte, le talent du joueur de football ne l'enrichirait pas. Ni dans une société dont les membres priseraient plus le jeu aérien des petits pois que celui des ballons de football.

Si le Grande société ne comportait que des Boulangers ou des Joueurs de football, nous pourrions dès lors, sans trop de difficultés, juger que la PCJ doit seule régler notre conduite d'opportun. Mais la Grande société comporte aussi des Jongleurs de petits pois. Or on ne saurait dire que l'inégalité soit sans portée éthique. S'il est vrai qu'une situation est « éthiquable » lorsqu'elle inclut des gens qui, sur une base non contractuelle, se font du bien ou du mal les uns aux autres, une situation est tout autant « éthiquable » lorsqu'elle inclut des gens inégalement dotés en ressources ou en moyens de vivre et de bien vivre. Qu'une personne, quelque part, entende quelques instants une douce musique et pas les autres, cela n'éveillera sans doute pas notre sens moral. Mais qu'une personne soit durablement pourvue en moyens de vivre, tandis qu'une autre en manque, quelque effort qu'elle fasse pour en avoir, voilà qui ne nous laissera pas indifférents. Comment dès lors répondre au fait que les BIRP sourient aux talents des uns, mais pas à ceux des autres ?

---

1. On peut sans doute comparer la manière dont un talent de même type est présent dans deux individus différents, mais plus difficilement comparer des talents de type différent.

Une tentation récurrente dans la philosophie sociale est de collectiviser tout ce qui, trouvant sa source dans la société, ne peut cependant être attribué à tel ou tel sociétaire déterminé. Ainsi peut-on être tenté de *collectiviser* les BIRP. Les BIRP seraient un stock de bonnes choses communes dont les bénéfices devraient être partagés à égalité entre tous les sociétaires. Tous les sociétaires, en raison de la différence de leurs talents, ne pourraient tirer un bénéfice identique des BIRP : les Joueurs de football ou les Traders pourraient en tirer plus de valeur que les Jongleurs de petits pois ou les Surfers. Mais cette valeur une fois extraite devrait être partagée à égalité entre tous ou bien être partagée selon un principe de différence, afin de ménager ce qu'il faut d'incitants pour les Joueurs de football ou les Traders. Notre conduite à l'égard des BIRP devrait donc être régie par la Règle du Partage (RP) :

> RP : « Tu dois partager avec tous les sociétaires les bénéfices de ton opportunisme. »

Le Joueur de football devrait partager ses revenus avec le Jongleur de petits pois et le Trader londonien devrait partager les siens avec le Surfer niçois. Et pour surmonter le problème des coûts de transaction, c'est très certainement à l'État-redistributeur qu'il appartiendrait d'opérer ce partage.

Cette prescription éthique est sans conteste belle et généreuse, mais elle nous semble problématique si on l'interprète comme exprimant un devoir de droit plutôt qu'une exhortation à la vertu. En premier lieu, il est difficile de ne pas voir la situation créée par la collectivisation des BIRP comme institutionnalisant l'exploitation des Joueurs de football par les Jongleurs de petits pois. Que les premiers puissent généreusement transférer une part de leur revenu aux seconds est une chose. Que les seconds aient *droit* à une part des revenus des premiers en est une autre, dont la justification est difficile à percevoir. Les Joueurs de football sont-ils pour quelque chose dans le fait que personne ne s'intéresse au talent du Jongleur de petits pois? Privent-ils ces derniers d'un accès aux BIRP? Mais, plus profondément, il est tout à fait arbitraire de collectiviser les BIRP. Imaginons que dix personnes se rassemblent et conviennent que les bénéfices que chacune pourra tirer du fait de vivre avec les neuf autres personnes devront être partagés entre tous. Ce contrat serait un peu étonnant, mais on peut l'imaginer. Qu'impliquerait-il? D'abord que chacun aurait offert aux autres son existence et ses préférences comme une opportunité. Ensuite que chacun aurait pris une manière d'assurance contre le risque de ne pas parvenir à tirer opportunité des autres. Enfin que chacun, lorsqu'il lancerait ses talents à l'assaut des opportunités représentées par l'existence des neuf autres, œuvrerait autant pour lui que pour les neuf autres. Mais qui peut raisonnablement penser que les choses se passent ainsi dans la vie réelle, entre six milliards de personnes ou même cinquante ou cent millions? Est-ce que les gens ont réellement décidé de vivre pour offrir l'opportunité de leur existence aux autres? Est-ce qu'ils ont mis leur existence et leurs préférences dans le pot commun des opportunités collectives dans l'attente d'un retour garanti sur leur investissement? Une telle approche s'apparenterait à ce qu'il ne faut pas hésiter à appeler une prostitution sociale de soi-même. Chacun s'offrirait à tous les autres comme une multi-opportunité et demanderait qu'on lui reverse un peu des bénéfices que les autres tireraient de lui. Mais nous aurions alors quitté le registre des bienfaits et des bienfaits externes, pour entrer dans celui des échanges. Chacun, non seulement tirerait bénéfice des autres, mais, en outre, toucherait une manière de *rente* sur son existence, du fait de l'avoir placée dans le pot commun[1].

Si la Règle du Partage prescrit donc une conduite particulièrement belle et généreuse, il est difficile d'en faire un devoir de droit : car il faudrait, pour cela, collectiviser les BIRP et collectiviser les BIRP impliquerait que chaque sociétaire accepte de voir son existence et ses préférences comme une ressource mise en commun, comme une ressource *investie* dans la Grande société[2]. En réalité les BIRP ne sont pas du tout un pot commun, alimenté volontairement par chacun. Les BIRP ne sont pas *res communis*, mais au mieux *res nullius*. Ce sont des opportunités qui sourient de manière contingente et involontaire à des talents *individuels*. Pour cette raison, il paraît difficile d'affirmer que le Joueur de football ou le Boulanger auraient à compenser l'infortune du Jongleur de petits pois, sous peine d'injustice. Ou, plus radicalement encore, qu'ils aient à s'imposer l'ascèse de ne pas jouir des opportunités qui leur sourient, au motif qu'elles ne sourient pas aussi aux Jongleurs de petits pois. Il ne semble pas y avoir de raison pour que le Boulanger ou le Joueur de football ne profitent pas de ce bienfait qu'est, *pour eux*, le gout prononcé des gens pour le pain ou pour le football. Il n'y a pas de raison qu'il ne leur soit pas permis de *jouir* de ces bienfaits.

---

1. Seuls donc les Jongleurs de petits pois anachorètes seraient exclus de la manne collective.

2. Il est décisif de bien distinguer le fait d'entrer en coopération avec autrui et le fait d'être opportuné par lui. Il n'y a pas de difficulté à collectiviser les gains d'une coopération. Mais collectiviser les gains de l'opportunisme supposerait de placer sa vie, comme une ressource, dans le stock des vies à opportuner.

Mais ce qui paraît requis en revanche, c'est que cette jouissance s'accompagne d'une pensée de derrière : quand le Joueur de football croise le Jongleur de petits pois, il y a une *morgue* qui ne lui est pas permise, il y a une *explication* de la différence qui le sépare du Jongleur de petits pois qui ne lui est pas permise : il *doit* savoir qu'il ne jouit pas seulement de son talent, mais de la rencontre entre ce dernier et l'orientation contingente du goût des autres.

Il y a ici une certaine proximité entre l'éthique des bienfaits internes et l'éthique des bienfaits externes. Nous avons vu que l'obligation de gratitude consistait, en dernière analyse, à témoigner de notre conscience d'avoir une dette d'honneur vis-à-vis de notre bienfaiteur. Le bien dont nous jouissons ne doit pas enfouir la conscience que ce bien nous a été fait. Or si la gratitude n'a pas sa place dans le registre des bienfaits externes, si le Boulanger n'a pas à exprimer de déférence à l'égard de ses clients [1], il y aurait cependant pour le Boulanger une profonde injustice à s'attribuer le *mérite* de sa richesse lorsqu'il croise le Jongleur de petits pois. Car celle-ci serait-elle sortie de son talent si le monde eût été composé de gens allergiques à la farine ?

Ce que les BIRP nous imposent, ce n'est donc, nous semble-t-il, ni l'ascèse, ni le partage, mais ce que nous pourrions appeler la *conscience du démérite*. Jouir honnêtement des BIRP, c'est être disposé à ne pas s'attribuer le mérite

---

1. On notera cependant que l'usage consistant à remercier le Boulanger de nous avoir donné du pain en échange d'un payement est moralement problématique : c'est bien plutôt le Boulanger qui devrait nous remercier de lui avoir donné l'occasion de nous vendre du pain. Cependant quel sens y aurait-il, pour le Boulanger, à dire à chacun de ses clients : « Merci d'exister et d'aimer le pain » ?

du bénéfice que nous en retirons, tout en ayant le légitime usage de ce bénéfice. Jouir honnêtement des BIRP, c'est se conformer à la Règle du démérite :

> RD : « Tu ne dois pas t'attribuer le mérite des bénéfices de ton opportunisme »

Cette règle, insistons-y, ne condamne pas la jouissance : il n'y a rien de criminel à tirer bénéfice d'un BIRP, à saisir l'opportunité que représente, pour nos talents, l'existence de gens ayant telle préférence ou telle aversion. La fortune du Boulanger autant que celle du Trader n'ont rien de criminelles. Mais l'un et l'autre sont, comme la plupart des hommes[1], des Opportuns. Leurs talents sont réels certes, et sont pleinement à eux. Mais le sort du Jongleur de petits pois est là pour leur rappeler leur démérite : sans quelque BIRP contingent, leur talent serait resté stérile[2].

Qu'implique concrètement cette Règle du démérite ? A un premier niveau d'analyse, on pourrait dire qu'une pensée de derrière est bien peu encombrante. Si l'on peut jouir des BIRP qui nous sourient, quelle différence entre la RD et la PCJ ? Quelle différence entre la jouissance du Mélomane, voisin du Musicien, et celle du Trader, opportun des investisseurs, sinon que l'une est d'occasion et l'autre plus durable et planifiable ?

Mais à un second niveau d'analyse, la différence apparaît en toute netteté. Car il y a évidemment une différence capitale,

---

1. N'existe-t-il pas de vrais mérites ? Les vrais mérites sont ceux qui supporteraient l'épreuve contrefactuelle de la solitude originelle : eusses-tu pu sortir cela de ton propre fond, dans la solitude d'un monde originel ?

2. On remarquera que la Règle du démérite requiert moins de justifications lorsqu'on songe à cette catégorie de BIRP constituée par le legs amorti des générations passées. On reconnaît plus aisément ce qu'on doit aux morts que ce qu'on doit aux vivants. C'est peut-être que les morts ont cessé d'être nos rivaux !

d'un point de vue moral, entre le fait de jouir de ce que les autres font et le fait de jouir de ce qu'on fait. La première situation, nous l'avons dit, ressemble à du parasitisme. Mais parce que le parasitisme du Mélomane est d'occasion, la PCJ vaut *absolution* : il est permis de jouir sans inquiétude des bienfaits occasionnels que les autres nous dispensent sans le vouloir. Mais un Trader ou un Joueur de football n'ont rien de parasites. Ils peinent pour jouir. Seulement, les Jongleurs de petits pois sont là pour leur rappeler que leur jouissance n'est pas seulement fonction de leur peine : elle est en raison composée de leur peine *et* de leur opportunisme. A peine égale, les Jongleurs de petits pois n'auraient pas pu avoir une jouissance égale.

Une tout autre logique est donc ici à l'œuvre. Non plus celle qui conduit à comparer la bonne chance du Mélomane dont le voisin se révèle être musicien à celle du Mélomane dont le voisin est un fakir silencieux, mais celle qui conduit à comparer l'effort fructueux à l'effort stérile, le talent fortuné au talent méprisé, le Joueur de football au Jongleur de petits pois. Ce que cette comparaison fait surgir, et qui donne sa signification pratique à la Règle du Démérite, c'est la dette, la *Grande dette* que tous les talentueux fortunés ont contractée à l'égard des autres sociétaires[1]. Cette dette est certes d'une nature très singulière. En général, quand il y a une dette quelque part, il y a un créancier pas trop loin. Mais parce que les BIRP sont des bienfaits externes, parce qu'ils sont des dons gracieux, involontaires et le plus souvent agrégés, il n'y a

---

1. Ou l'on reconnaît cette Grande Dette ou l'on hiérarchise les hommes selon leur talent, en allant du Sans talent au Grand Talentueux. Mais tout homme a son talent et à tout homme on peut demander, non seulement : « Qu'as-tu fait de ton talent ? », mais aussi : « Qu'as-tu *pu* faire de ton talent ? »

personne qui puisse réclamer le remboursement de sa créance : les Opportunés du Boulanger vont-ils lui demander des comptes ? Vont-ils faire commerce de leur existence ? En réalité la Grande dette que tous les Opportuns ont contractée est une dette sans créanciers [1].

Cependant, que personne ne puisse réclamer au Talentueux fortuné le remboursement de sa créance n'empêche pas que sa dette soit réelle. Ce qu'impose la Règle du Démérite, ce n'est donc pas de rembourser ce que l'on doit, parce qu'il n'y a personne de déterminé à qui on le doive. Mais ce qu'elle nous impose, c'est de regarder nos acquis comme un mixte inextricable de peine et d'opportunisme, d'Œuvre propre et de Dette sans créanciers, de *res propria* et de *res nullius*.

Or quelle est la conséquence pratique de cette conscience de soi ? Supposons que Traders et Joueurs de football soient sensibles à l'éthique des bienfaits externes et se sachent de fortunés opportuns. Quelle différence cela fera-t-il dans leur vie ? Quelle autre conséquence qu'un peu moins de morgue lorsqu'ils croiseront la route d'un Jongleur de petits pois ?

---

1. Parce que cette situation est grammaticalement pénible, on peut bien sûr forger la notion d'un Grand créancier : ce sera la Société et chaque Opportun sera dit le débiteur de la Société. Mais ce subterfuge ne peut leurrer un philosophe, attentif à la différence entre un sujet verbal et un sujet réel. Nozick semble s'être laissé prendre à ce piège linguistique : « Le fait, écrit-il, que nous soyons partiellement des "produits sociaux" en ceci que nous tirons bénéfice de structures et de formes créées par la multitude d'actions d'une longue lignée de gens depuis longtemps oubliés […] ne crée pas en nous une dette flottante générale que la société actuelle pourrait saisir et utiliser comme elle veut » (*Anarchy, State and Utopia*, p. 94). Mais affirmer que nous avons une dette sociale n'implique pas que la Société en est le créancier. Cela implique seulement que nous ne pouvons regarder comme notre œuvre propre tout ce que nos talents ont pu nous rapporter.

Supposons qu'on se sache jouir de quelque chose que l'on sait n'être pas à nous. Si nous savions ce quelque chose être à quelqu'un, alors nous aurions l'obligation de le lui rendre sur sa demande. Mais si ce quelque chose n'est à personne ? Si ce quelque chose est un effet externe positif de l'agglomération des hommes dans la Grande société ?

Notre hypothèse est que cette situation morale très particulière, à nulle autre pareille, si elle ne crée aucune obligation positive particulière, crée en revanche ce qu'on peut appeler une *interdiction de second ordre* : non une interdiction de faire quelque chose, mais une interdiction de refuser de faire certaines choses.

Précisons cette idée. Nous tirons, à des degrés variés, bénéfice des BIRP. Tout le monde n'est certes pas Joueur de football, mais entre le Joueur de football et le Jongleur de petits pois, il y a de nombreux degrés. C'est le bon côté de la vie sociale. Mais la vie sociale a aussi son mauvais côté : ce sont les nuisances obliques. Or ces nuisances obliques coûtent cher.

Ce qu'impose à notre sens la Règle du démérite, c'est banalement que ceux qui tirent le plus de bénéfices de la vie sociale soient aussi ceux qui contribuent le plus à financer la correction de ses maux. La raison n'en est pas cependant quelque motif d'équité : il ne s'agit pas, nous avons dit pourquoi, de redistribuer les bénéfices gratuits de la vie sociale. Il s'agit plutôt d'un motif d'efficience joint à l'interdiction de second ordre dont nous avons parlé. Motif d'efficience d'abord : le Joueur de football est exposé aux menaces virales ou à la pollution au même degré que le Jongleur de petits pois. S'il fallait calculer la compensation à verser aux pollueurs en se basant sur les ressources du Jongleur de petits pois, alors le Joueur de football *perdrait* lui-même à ce calcul, parce que les ressources mobilisées pour faire face aux externalités les plus graves seraient insuffisantes. Mais ce motif d'efficience ne suffirait pas s'il pouvait se faire que l'utile fût en même temps injuste. Or ce qu'implique précisément la Règle du démérite, c'est que le Joueur de football ne peut arguer qu'il est injuste que lui, Joueur de football, contribue plus que le Jongleur de petits pois, alors qu'ils subissent les mêmes maux. Car il n'y aurait de l'injustice que si le Joueur de football devait mettre à contribution ses Œuvres. Mais, sauf à ce que les effets externes négatifs soient d'une ampleur telle qu'on ne puisse y remédier qu'en dévorant la totalité du produit social, c'est plus certainement dans le produit de son démérite que l'État des VHO demande au Joueur de football de puiser. La Règle du démérite frappe donc d'*illégitimité tout refus de payer*. Non de payer sans motifs, bien sûr. Mais de payer chaque fois que requis et au niveau requis pour corriger ou amenuiser les effets externes négatifs qui se révèlent être des maux publics. Ce que la Règle du démérite implique donc, c'est le droit de l'État des VHO de puiser dans le produit social gratuit de la vie sociale, où qu'il se trouve, en quelques mains qu'il se trouve, pour remédier aux maux publics payants qui accompagnent la vie dans la Grande société.

Il serait très clairement abusif de conclure de là qu'il existe une parfaite balance entre les pertes que nous occasionnent les nuisances externes des autres et les gains que nous retirons des bienfaits qu'ils nous font sans le vouloir. Et on ne saurait non plus *justifier* le fait de devoir payer pour obtenir la cessation de la nuisance des autres par le fait que nous retirons d'eux des bienfaits gratuits. Il n'y a pas d'harmonie miraculeuse entre l'éthique des méfaits externes et l'éthique des bienfaits externes. S'il n'y avait que des effets externes positifs, et plus spécialement des BIRP, la Règle du démérite n'aurait pas d'autre conséquence que d'interdire l'esprit de morgue et de mépris qui s'empare trop souvent des Talentueux fortunés lorsqu'ils croisent la route des Talentueux infortunés. Mais rien, sinon leur propre générosité, ne pourrait interdire aux Talentueux fortunés de jouir de la totalité des bénéfices de la rencontre entre leur talent et l'heureuse disposition des hommes et des choses alentour. S'il n'y avait en revanche que des méfaits externes et nul bienfait externe, si le produit social était garanti sans opportunisme, s'il n'était que le résultat de la productivité des talents humains appliqués à des ressources extérieures, une règle de stricte égalité devrait sans doute régir la répartition, entre les VHO, de la charge de payer pour remédier aux méfaits externes. Mais parce qu'il y a, et des méfaits externes et des bienfaits externes, il se révèle possible de payer la correction des méfaits avec le produit des bienfaits et, partant, de puiser là où ce produit se trouve, dans la poche des Joueurs de football plus que dans celle des Jongleurs de petits pois.

L'éthique des bienfaits externes ne fonde donc aucunement l'éthique des méfaits externes, mais elle la rend *pathologiquement* autant que *moralement* supportable. Celui qui croit à la souveraineté de ses mérites sera porté à faire payer les pollueurs et à les traiter comme des délinquants de l'espèce ordinaire. Il vivra comme un dur racket la règle «pollué-payeur». Il voudra que l'État-Léviathan absorbe l'État des VHO. L'éthique des bienfaits externes, avec sa dénonciation du parasitisme et son exhortation à la conscience du démérite, agit comme un ferment de modération. Elle est la base d'une éducation à la vie dans la Grande société : «Jouis quand tu peux de ses bienfaits, mais paye, chaque fois qu'il le faut et autant qu'il le faut, avec le produit combiné de ses bienfaits et de tes talents, pour corriger ses méfaits. »

# CONCLUSION

La conclusion de nos analyses peut s'exprimer en une phrase, d'un franc prosaïsme : la vie sociale coûte chère et d'autant plus chère que nous sommes plus nombreux à en tirer profit. Pour vivre en société et, plus précisément, pour vivre dans la Grande société, il faut payer.

Pourquoi cette naïve leçon de morale n'a-t-elle pas été plus largement reconnue ? Pourquoi ne se trouve-t-elle au mieux, et seulement à l'état implicite, que dans les travaux des économistes qui, aujourd'hui, s'interrogent sur ce que signifie la notion de bien-être social et doutent que ce dernier puisse être adéquatement reflété par le « PIB » de la comptabilité publique [1] ?

La raison en est d'abord que la philosophie morale a jusqu'ici été dominée par le paradigme du face-à-face. Du Magnanime d'Aristote au Visage de Levinas, en passant par le Sympathique écossais, l'Universalisateur allemand ou le Non-nuisant anglais, c'est toujours en songeant à des situations où les hommes interagissent focalement entre eux que les philosophes de la morale ont raisonné.

---

1. *Cf.* le rapport de la commission Stiglitz-Sen-Fitoussi et la riche bibliographie qu'il comporte : http://www.stiglitz-sen-fitoussi.fr/en/index.htm.

Cette morale du face-à-face n'est évidemment pas sans pertinence : car l'homme agit très souvent en regard du Visage de l'Autre. Mais force est de reconnaître que cette morale du face-à-face, de quelque manière qu'on en déduise et justifie les prescriptions, n'est guère adaptée à la plus grande part des biens et des maux que les hommes se font les uns aux autres. Un homme qui éternue dans un couloir de métro est, à sa façon, un malfaiteur. Et un homme dont le corps réclame des glutens est, à sa façon, un bienfaiteur. Mais le méfait du premier supporte-t-il le genre de réprobation qu'on réserverait à juste titre à celui qui déciderait d'empoisonner ses voisins ? Et le bienfait du second exige-t-il la déférence que réclamerait, à juste titre, le geste de celui qui nous aurait gracieusement fourni un moyen de vivre ?

Le peu de place fait aux méfaits et aux bienfaits obliques des hommes dans la philosophie morale traditionnelle s'explique sans doute par le fait que les hommes ont longtemps vécu dans de petites sociétés. Dans une petite société, il y a inévitablement des effets externes, tantôt négatifs, tantôt positifs : il y a des gens qui éternuent et des gens dont le corps réclame du gluten. Mais ces effets externes n'ont pas la *masse critique* propre à en faire d'authentiques maux ou biens publics. Les effets externes ne sont que d'accidentelles commodités ou incommodités de la vie sociale.

La Grande société, celle qui relie les uns aux autres des milliards d'hommes sans visage, a fait sortir les effets externes de leur statut d'écarts accidentels par rapport à la norme des interactions focales. Elle leur a donné une puissance de diffusion qui interdit au philosophe de la morale de les ignorer.

Le problème, et telle est l'idée directrice qui nous aura guidé tout au long de ce travail, est que si le philosophe moral est désormais obligé de tourner son regard vers des calamités collectives comme la pollution ou la morgue des Méritants, il a beaucoup de mal à ne pas leur appliquer les normes d'action ou de répression que lui a inspirées le paradigme du face-à-face. Il voudrait que les pollueurs deviennent payeurs ou que les Méritants rendent grâce à la société de ses bienfaits. Pourtant, il est rare qu'il veuille également que les Procréateurs intempérants payent pour leur contribution à la pression démographique ou que les commerçants d'une région de la Creuse rendent grâce à l'industriel qui a investi ses capitaux dans leur région et donné du travail et des revenus à des centaines d'habitants du lieu. Or que dirait-on d'une morale qui blâmerait le mensonge fait aux uns, mais pas celui fait aux autres ? Ou qui louerait certains bienfaits, mais ignorerait les autres ?

Notre hypothèse est que la difficulté à reconnaître que les bienfaits et, surtout, les méfaits obliques appellent une autre morale sociale que les bienfaits et les méfaits focaux s'explique par la croyance tacite au progrès social illimité. Or croire au progrès social illimité, c'est croire qu'il suffit de soustraire aux sociétaires certaines possibilités d'actions pour que les bénéfices de la vie sociale puissent s'accroître indéfiniment. Il suffirait qu'il y ait certaines choses que les hommes n'aient plus le droit de faire et d'autres qu'ils soient obligés de faire pour que, moyennant ces correctifs aux comportements d'un état de nature, la société puisse fonctionner optimalement et le bien-être croître indéfiniment. Cette conviction est transversale. Des auteurs comme Rawls[1]

---

1. Une « société bien ordonnée » est, pour Rawls, une société « dans laquelle chacun accepte et sait que les autres acceptent les mêmes principes de la justice », de sorte que l'affermissement d'un « sens de la justice » est la condition propre à assurer la stabilité de la société bien ordonnée. *Cf. Théorie de la justice*, § 69, trad. p. 495 *sq.* Mais dans une société bien ordonnée au sens de

ou Hayek[1] la partagent. De bonnes règles, efficaces et justes, corrigeant l'homme de la nature pour en faire un homme social, voilà ce qui suffirait à faire bénéficier indéfiniment l'humanité du progrès social.

Mais ce que montre une prise en compte systématique de la part des externalités dans la vie sociale, c'est qu'à moins de vouloir bâtir un Centre d'aiguillage social mondial, nous devons utiliser une part sans cesse croissante du produit social pour limiter les effets externes négatifs qui découlent de l'approfondissement et de l'élargissement de la vie sociale elle-même. Nous sommes certes portés à nous dissimuler cette pénible vérité en continuant d'assimiler les méfaits externes à des méfaits focaux et à assigner à l'État-Léviathan la tâche d'y remédier. Mais son impuissance à le faire efficacement devrait nous convaincre de changer notre regard. Nous avons besoin de l'État des VHO et devons accepter de le voir puiser dans les bénéfices gratuits de la vie sociale pour en corriger les effets externes négatifs toujours croissants. Nous devons accepter que la vie sociale n'exige pas seulement de nous que nous nous autolimitions, que nous contrôlions ce qui se produit dans l'espace interne de notre agir. Elle exige aussi de nous que

---

Rawls, par exemple dans une société dont les institutions de base mettent en pratique les deux principes de la théorie de la justice comme équité, il y a des effets externes négatifs, même s'il semble que le principe de différence revienne, au travers de sa théorie des talents comme ressources collectives, à la solution que nous avons appelée de collectivisation des BIRP. Cf. *Théorie de la justice*, § 17, trad. p. 132.

1. Pour Hayek, parce qu'un ordre planifié ou organisé requiert une somme d'informations dont aucun planificateur humain ne peut disposer, le bon ordre social est celui qui émerge spontanément lorsque la conduite des sociétaires est soumise « à des règles qui rendent la vie sociale possible ». *Droit, législation et liberté*, t. I, trad. p. 52.

nous prélevions une part croissante des bénéfices que nous retirons des bons côtés de la vie sociale pour corriger ses mauvais côtés.

Dans ses *Principes d'économie politique*[1], Mill jugeait *moralement souhaitable* que l'humanité puisse se diriger vers un « état stationnaire des capitaux et de la richesse ».

> J'avoue, écrivait-il, que je ne suis pas enchanté de l'idéal de vie que nous présentent ceux qui croient que l'état normal de l'homme est de lutter sans fin pour se tirer d'affaire, que cette mêlée où l'on se foule aux pieds, où l'on se coudoie, où l'on s'écrase, où l'on se marche sur les talons et qui est le type de la société actuelle, soit la destinée la plus désirable pour l'humanité au lieu d'être seulement l'une des phases désagréables du progrès social[2].

Et Mill imaginait que, « par l'effet combiné de la prudence et de la frugalité des individus » et le renfort d'un « système d'éducation favorable à l'égalité des fortunes », il serait possible d'atteindre un état stationnaire (*steady-state*), offrant aux individus « assez de loisirs du corps et de l'âme pour cultiver librement les arts qui embellissent la vie (*graces of life*)[3]. »

Le malheur est sans doute que cet état stationnaire, les hommes l'atteindront sans avoir cessé de se fouler aux pieds et sans jouir du loisir promis par la frugalité. Ils l'atteindront parce qu'il leur faudra acquitter un prix sans cesse croissant pour pouvoir participer au banquet social.

---

1. J. Stuart Mill, *Principes d'économie politique*, livre IV, chap. 6, trad. L. Roquet, Paris, 1894, p. 138 *sq.*
2. *Ibid*, p. 138-139.
3. *Ibid*, p. 139-140.

# RÉFÉRENCES

ANSCOMBE E., *Intention*, Cambridge (Mass.), Harvard University Press, 2000; trad. fr. *L'intention* par M. Maurice, C. Michon, Paris, Gallimard, 2002.

ARISTOTE, *Metaphysics*, ed. W. D. Ross, Oxford, Clarendon Press, 1924; trad. fr. J. Tricot, Paris, Vrin, 1974.

– *The Nicomachean Ethics*, ed. et trad. angl. H. Rackham, Cambridge (Mass.), Harvard University Press, The Loab Classical Library, 1934; trad. fr. *Éthique à Nicomaque*, par J. Tricot, Paris, Vrin, 1979.

– *La Poétique*, éd. et trad. R. Dupont-Roc, J. Lallot, Paris, Seuil, 1990.

CHAUVIER S., « Que nous devons-nous les uns aux autres ? Le cas de la "fuite des cerveaux" », *Revue philosophique de Louvain*, vol. 106, n°4, 2008, p. 771-796.

CICÉRON, *De Officiis*, éd., trad. angl. W. Miller, Cambridge (Mass.), Harvard University Press, The Loab Classical Library, 1913.

COASE R. H., « The Problem of Social Cost », *Journal of Law and Economics*, 3 (1), 1960, p. 1-44.

CORNES R., SANDLER T., *The Theory of Externalities, Public Goods and Club Goods*, Cambridge, Cambridge University Press, 1986[1], 1996[2].

COURNOT A. A., *Essai sur les fondements de nos connaissances et sur les caractères de la critique philosophique*, Paris, Vrin, 1975.

DAVIDSON D., *Essays on Actions and Events*, Oxford, Clarendon Press, 1980[1], 2001[2]; trad. fr. *Actions et évènements*, par P. Engel, Paris, P.U.F., 1983.

DUMITRU S., « L'éthique du débat sur la fuite des cerveaux », *Revue européenne des migrations internationales*, vol. 25, n°1, 2009, p. 119-135.

DUPUY J.-P., *Pour un catastrophisme éclairé*, Paris, Seuil, 2002.

DWORKIN R., *Taking Rights Seriously*, London, Duckworth, 1984 ; trad. fr. *Prendre les droits au sérieux*, par M.-J. Rossignol *et al.*, Paris, P.U.F., 1995.

FEINBERG J., *Harm to Others*, Oxford, Oxford UniversityPress, 1984.

– « Wrongful Life and the Counterfactual Element in Harming », *Philosophy and Social Policy*, 4 (1), 1986, p. 145-178.

FREY R.F., Wellman C. H. (eds), *A Companion to Applied Ethics*, London, Blackwell, 2003.

FODOR J., *The Modularity of Mind*, Cambridge (Mass.) The MIT Press, 1983 ; trad. fr. *La modularité de l'esprit*, par A. Gerschenfeld, Paris, Minuit, 1986.

FOOT Ph., *Virtues and Vices*, Oxford, Blackwell, 1978.

GAUTHIER D., *Morals by Agreement*, Oxford, Oxford University Press, 1986 ; trad. fr. *Morale et contrat*, par S. Champeau, Liège, Mardaga, 2000.

GOSSERIES A., *Penser la justice entre les générations*, Paris, Aubier, 2004.

HARDT M., NEGRI A., *Multitude. Guerre et démocratie à l'âge de l'empire*, Paris, La Découverte, 2004.

HAYEK F., *Law, Legislation and Liberty*, London, Routledge, 1973-1979 ; trad. fr. *Droit, législation et liberté*, par R. Audouin, Paris, P.U.F., 1980.

HOBBES T., *Leviathan*, ed. R. Tuck, Cambridge, Cambridge University Press, 1991 ; trad. fr. F. Tricaud, Paris, Sirey, 1971.

HUME D. *A Treatise of Human Nature*, ed. L. A. Selby-Bigge, P.H. Nidditch, Oxford, Clarendon Press, 1978 ; trad. fr. *Traité de la nature humaine*, Ph. Saltel *et al.*, 3 vol. Paris, GF-Flammarion, 1999.

– *An Enquiry concerning the Principles of Morals*, ed. L. A. Selby-Bigge, P.H. Nidditch, Oxford, Clarendon Press, 1975 ; trad. fr.

*Enquête sur les principes de la morale* par Ph. Baranger, Ph. Saltel, Paris, GF-Flammarion, 1991.

ILLICH I., *Énergie et équité*, Paris, Seuil, 1975.

KANT I., *Metaphysische Anfangsgründe der Rechtslehre, Kants Werke, Akademie Textausgabe*, vol. VI, Berlin, Walter de Gruyter, 1968; trad. fr. *Doctrine du droit*, par A. Philonenko, Paris, Vrin, 1979.

– *Kritik der praktischen Vernunft, Kants Werke, Akademie Textausgabe*, vol. V, Berlin, Walter de Gruyter, 1968; trad. fr. *Critique de la raison pratique*, par F. Picavet, Paris, P.U.F., 1949.

KOLM S.-C., *Le contrat social libéral*, Paris, P.U.F., 1985.

LEVINAS E., *Humanisme de l'autre homme*, Montpellier, Fata Morgana, 1972.

MANDEVILLE B., *The Fable of the Bees*, ed. Ph. Hart, London, Penguin Classics, 1989; trad. fr. *La fable des abeilles*, par L. et P. Carrive, Paris, Vrin, 1990.

NOZICK R., *Anarchy, State and Utopia*, New York, Basic Books, 1974; trad. fr. *Anarchie, État et utopie* par E. d'Auzac de Lamartine, Paris, P.U.F., 1988.

MEADE J. E., *Theory of Economic Externalities. The Control of Environmental Pollution*, Genève, Sijthoff-Leiden, 1973.

MILL J. S., *On Liberty*, ed. S. Collini, Cambridge, Cambridge University Press, 1989; trad. fr. *De la liberté*, par L. Lenglet, Paris, Folio-Gallimard, 1990.

– *The Principles of Political Economy*, ed. J. Robson, London, Routledge, 2009; trad. fr. *Principes d'économie politique*, par L. Roquet, Paris, Hachette, 1894.

OGIEN R., *L'éthique aujourd'hui : maximalistes et minimalistes*, Paris, Gallimard, 2007.

OLSON M., *The Logic of Collective Action*, Cambridge (Mass.), Harvard University Press, 1965; trad. fr. *Logique de l'action collective*, par M. Levi, Bruxelles, Université de Bruxelles, 2011.

PARFIT D., *Reasons and Persons*, Oxford, Oxford University Press, 1984.

PIGOU A. C., *The Economics of Welfare*, London, Macmillian, 1932[4].

PLATON, *La République*, éd. et trad. É. Chambry, Paris, Les Belles Lettres, 1932.

POGGE Th., *World Poverty and Human Rights*, Oxford, Polity Press, 2002

PUFENDORF S., *Le Droit de la nature et des gens* [1672], trad. J. Barbeyrac, Bâle, 1732, réimp. Caen, Presses Universitaires de Caen, 2010.

RAWLS J., *A Theory of Justice*, rev. edition, Cambridge (Mass.), Harvard University Press, 1999 ; trad. fr. *Théorie de la justice* par C. Audard, Paris, Le Seuil, 1987.

ROUSSEAU J.-J., *Émile ou de l'éducation*, dans *Œuvres Complètes*, t. IV, éd. B. Gagnebin, Paris, Gallimard, 1969.

SÉNÈQUE, *Des bienfaits*, éd. et trad. F. Préchac, Paris, Les Belles Lettres, 1961.

THOMAS D'AQUIN, *Summa Theologica*, Roma, Forzani, 1894 ; trad. fr. *Somme de Théologie*, par A.-M. Roguet, Paris, Le Cerf, 1984.

# TABLE DES MATIÈRES

Imprimerie de la manutention à Mayenne (France) - Décembre 2013 - N° 2134906W
Dépot légal : 4ᵉ trimestre 2013